配合此一趨勢，由具有基督教背景的馬偕醫院以及安寧照顧基金會所帶頭的安寧照顧運動，有了較有規模的進一步發展，而具有佛教背景的慈濟醫院與國泰醫院也隨後開始鼓動臨終關懷的重視關注。我自己也前後應邀，在馬偕醫院、雙蓮教會、慈濟醫院、國泰集團壽備的臨終關懷基金會第一屆募款大會、臺大醫學院、成功大學醫學院等處，環繞著醫療體制暨醫學教育改革課題，作了多次專題主講，特別強調於此世紀之交，轉化救治(cure)本位的傳統醫療觀為關懷照顧(care)本位的新時代醫療觀的迫切性。

在高等學府方面，國樞兄與余德慧教授（《張老師月刊》總編輯）也在臺大響應我對生死學探索與死亡教育的提倡，首度合開一門生死學課程。據報紙所載，選課學生極其踴躍，居然爆滿，出乎我們意料之外，與我五年前在成大文學院講堂專講死亡問題時，十分鐘內三分之一左右的聽眾中途離席的情景相比，令我感受良深。臺大生死學開課成功的盛況，也觸發了成功大學等校開設此一課程的機緣，相信在不久的將來，會與宗教（學）教育、通識教育等等，共同形成在人文社會科學課程與研究不可或缺的熱門學科。

我個人的生死學探索已跳過上述拙著較有個體死亡學(individual thanatology)偏重意味的初步階段，進入了「生死學三部曲」的思維高階段。根據我的新近著想，廣義的生死學應該包括以下三項。第一項是面對人類共同命運的死之挑戰，表現愛之關懷的（我在此刻所要強

「生死學叢書」總序

兩年多前我根據剛患淋巴腺癌而險過生死大關的親身體驗，以及在敝校（美國費城州立天普大學宗教學系所講授死亡教育(death education)課程的十年教學經驗，出版了《死亡的尊嚴與生命的尊嚴——從臨終精神醫學到現代生死學》一書，經由老友楊國樞教授等名流學者的強力推介，與臺北各大報章雜誌的大事報導，無形中成為推動我國死亡學(thanatology)或生死學(life-and-death studies)探索暨死亡教育運動的催化「經典之作」（引報章語），榮獲《聯合報》「讀書人」該年度非文學類最佳書獎，而我自己也獲得「死亡學大師」（《中國時報》）、「生死學大師」（《金石堂月報》）之類的奇妙頭銜，令我受寵若驚。

拙著所引起的讀者興趣與社會關注，似乎象徵著，我國已從高度的經濟發展與物質生活的片面提高，轉進開創（超世俗的）精神文化的準備階段，而國人似乎也開始悟覺到，涉及死亡問題或生死問題的高度精神性甚至宗教性探索的重大生命意義。這未嘗不是令人感到可喜可賀的社會文化嶄新趨勢。

國家圖書館出版品預行編目資料

禪僧與癌共生／鈴木出版編輯部編；
徐明達，黃國清譯.--初版.--臺北
市：東大發行：三民總經銷，民86
面；　公分.--(生死學叢書)
ISBN 957-19-2054-1（平裝）

1.荒金天倫-學術思想-哲學　2.死
亡-宗教方面

226.869　　86000662

國際網路位址　http://sanmin.com.tw

© 禪僧與癌共生

編著者　鈴木出版編輯部
譯　者　徐明達　黃國清
發行人　劉仲文
著作財產權人　東大圖書股份有限公司
發行所　東大圖書股份有限公司
臺北市復興北路三八六號
地　址／臺北市復興北路三八六號
電　話／五〇〇六六〇〇
郵　撥／〇一〇七一七五──〇號
印刷所　東大圖書股份有限公司
總經銷　三民書局股份有限公司
門市部　復北店／臺北市復興北路三八六號
重南店／臺北市重慶南路一段六十一號
初　版　中華民國八十六年三月
編　號　E 19024
基本定價　叁元肆角
行政院新聞局登記證局版臺業字第〇一九七號

ISBN 957-19-2054-1（平裝）

生死學叢書
傅偉勳 主編

禪僧與癌共生

鈴木出版編輯部 編／徐明達・黃國清 譯

東大圖書公司

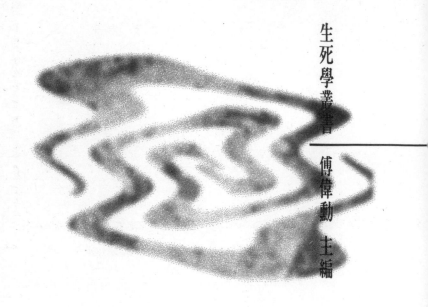

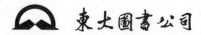

調的）「共命死亡學」（destiny-shared thanatology），探索內容極為廣泛，至少包括（涉及自殺、死刑、安樂死等等）死亡問題的法律學、倫理學探討，醫療倫理（學）、醫院體制暨醫學教育改革課題探討，（具有我國本土特色的）臨終精神醫學暨精神治療發展課題之研究，老齡化社會的福利政策及公益事業，死者遺囑的心理調節與精神安慰，「死亡美學」、「死亡文學」以及「死亡藝術」的領域開拓，（涉及腦死、植物人狀態的）「死亡」定義探討，有關死亡現象與觀念以及（有關墓葬等）死亡風俗的文化人類學、比較民俗學、比較神話學、比較宗教學、比較哲學、社會學等種種探索進路，不勝枚舉。

第二項是環繞著死後生命或死後世界奧祕探索的種種進路，至少包括神話學、宗教（學）、文學藝術、（超）心理學、科學宇宙觀、民間宗教（學）、文化人類學、比較文化學，以及哲學考察等等的進路。此類不同進路當可構成具有新世紀科際整合意味的探索理路。近二十年來愈行愈盛的歐美「新時代」（New Age）宗教運動、日本新（興）宗教運動，乃至臺灣當前的種種民間宗教活動盛況等等，都顯示著，隨著世俗界生活水準的提高改善，人類對於死後生命或死後世界（不論有否）的好奇與探索興趣有增無減，我們在下一世紀或許能夠獲致較有「突破性」的探索成果出來。

第三項是以「愛」的表現貫穿「生」與「死」的生死學探索，即從「死亡學」（狹義的生死學）轉到「生命學」，面對死的挑戰，重新肯定每一單獨實存的生命尊嚴與價值意義，而以「愛」的教育幫助每一單獨實存建立健全有益的生死觀與生死智慧。為此，現代人的生死學探索應該包括古今中外的典範人物有關生死學與生死智慧的言行研究，具有生死學深度的文學藝術作品研究，「生死美學」、「生死文學」、「生死哲學」等等的領域開拓，對於「後傳統」(post-traditional)的「宗教」本質與意義的深層探討等等。我認為，通過此類生死學的種種探索，我們應可建立適應我國本土的新世紀「心性體認本位」生死觀與生死智慧出來，有待我們大家共同探索，彼此分享。

依照上面所列三大項現代生死學的探索，這套叢書將以引介歐美日等先進國家有關死亡學或生死學的有益書籍為主，亦可收入本國學者較有份量的有關著作。本來已有兩三家出版商請我籌劃生死學叢書，但我再三考慮之後，主動向東大圖書公司董事長劉振強先生提出我的企劃。振強兄是多年來的出版界好友，深信我的叢書企劃有益於我國精神文化的創新發展，就立即很慷慨地點頭同意，對此我衷心表示敬意。

我已決定正式加入行將開辦的佛光大學人文社會科學學院教授陣容。籌備校長龔鵬程教授屢次促我企劃，可以算是世界第一所的生死學研究所(Institute of Life-and-Death Studies)之設立。希望生死學研究所及其有關的未來學術書刊出版，與我主編的此套生死學叢書兩相配合，推動我國此岸本土以及海峽彼岸開創新世紀生死學的探索理路出來。

一九九五年九月二十四日傅偉勳序於
中央研究院文哲所（研究講座訪問期間）

「生死學叢書」出版說明

本叢書由傅偉勳教授於民國八十四年九月為本公司策劃，旨在譯介歐美日等國有關生死學的重要著作，以為國內研究之參考。傅教授從百餘種相關著作中，精挑二十餘種，內容涵蓋生死學各個層面，期望能提供最完整的生死學研究之參考。傅教授一生熱心學術，對推動國內的生死學研究風氣，更是不遺餘力，貢獻良多。不幸他竟於民國八十五年十月十五日遽爾謝世，未能親見本叢書之全部完成。茲值本書出版之際，謹在此表達我們對他無限的景仰與懷念。

東大圖書公司編輯部　謹啟

前言

這裡留有一卷單面六十分鐘，雙面合計一百二十分鐘的錄音帶，我們鈴木出版編輯部的每一位同仁，都聽上好幾回這卷錄音帶的聲音。聲音雖然已經穿過遙遠的時空，但似乎令人懷念，溫馨地向我們訴說著。每當我們隔著時空，聽到這個從過去遙傳而來的聲音時，都會受到對於無法完成約定，那種分不清是執著還是後悔，卻又令人難以釋懷的情感所影響。

聲音的主人是臨濟宗方廣寺派的管長荒金天倫老和尚。錄製這個聲音的時候，老和尚已經躺在罹患肝癌末期，而被宣告剩下三年可活的病床上。

我們請求老和尚執筆寫一本書，希望老和尚能直率地描述，被告知癌症事實的一位禪僧，如何接受生與死、如何渡過殘生的書。老和尚慷慨地答應這件工作，而且也準備好以《與癌共生》為書名。

但是老和尚還有一件必須全力以赴的重大工作，就是名為圓明閣青少年研修道場的建設。老和尚為了這座圓明閣的建設，簡直是拼了命投入自己的全部，為此老和尚無法馬上執筆寫書。然而，老和尚正開始想要完成與我們的約定時，癌細胞已轉移體內，到了不能握筆的情況。但老和尚認為務必完成與我們約定，於是親自坐在錄音機前，留下了這一卷錄音帶。

癌症甚至把老和尚的聲音也奪走了。平成二年一月七日，意外地與昭和天皇駕崩同一天，天倫老和尚最後結束了六十九歲的生命。距昭和六十一年九月二十五日，因偶然接受健康檢查，發現肝癌之後，大約是第一千二百天。

老和尚曾經寫過自己戲劇性人生的自傳，名為《在現代中活下來》的著作，由本社發行。那是我們和老和尚第一次的接觸，其後深深受到老和尚的教誨所鼓勵、賦予勇氣，我們還想更進一步追求老和尚的精神，那似乎是與老和尚接觸久了的人所共通的願望。正因為如此，所以我們才會想要企劃下一本著作。但是最後留下的錄音帶，要製成一本書，實在是太短了。因此雖然我們抱有某種不能釋懷的情感，不過事實上曾經一度幾乎要放棄老和尚下一本著作——《與癌共生》了。

然而有一天，一位編輯部的同仁好像被附身般地脫口說出：難道大家不覺得即使需要採訪，也要把原稿寫好，完成與老和尚的約定嗎?可是採訪本身有其專業的體制，需要有人員、採訪技巧和經費，更需要有人能夠將採訪的作品原稿化、彙整，更重要的是推展這些作業需要時間。遺憾的是在我們周圍的現實環境，沒有一項條件具備。因此這個提案回想起來，簡直可以說是有欠周詳。

但是我們敢於冒盲動之諱，只是因為想要完成與老和尚的約定。我們在獲得其遺族的同意下，開始進行採訪工作。那時候的感覺就像是為了追隨已故的老和尚，而搭上一艘不知航向的船出海。受到天倫老和尚引導，依靠著錄音帶中老和尚的聲音惶惑地前進。

從以前曾與天倫老和尚接觸過，而且目前仍健在的人的證言中，逐漸地為不斷迷失的我們指出了方向。透過許多人的談話，也慢慢地呈現出老和尚在殘酷的現實中，堅忍不拔地活下去，又將殘餘的短暫生命致力於幫助眾生，為我們展現出一種在現代社會已不多見的宗教家風範。而且更難能可貴的是，似乎窺見一位在完成所有任務後，毅然捨去一切世俗職位和裝飾，成為一個無所罣礙的靈魂。尤其是對與老和尚相處過，曾認真思考人生意義，追求充實生活的許多人而言，彷彿看到以老和尚為中心的菩薩們所形成的曼荼羅圖。

藉助這本幾乎是經由老和尚所引導才能問世的書，若能呈現出老和尚與周圍人們的生活方式，同時能觸及人的生死及宗教中解脫的問題，甚至是否該告訴病人罹患癌症的事實等等問題，將是我們最大的安慰。

由於時間的限制以及力量的微薄，沒有把握是否能表達得淋漓盡致，謹祈求讀者不吝指正。

最後，要感謝在這本書的著作期間，即使處於百忙中，也不惜騰出寶貴時間協助採訪的朋友們。還要向不吝提供資料的美惠子夫人，及以長子義博氏為首的所有遺族，致上萬分的謝意。

當然還有在天之靈的荒金天倫老和尚……。

鈴木出版編輯部

禪僧與癌共生

目次

「生死學叢書」總序
前言
第一章 我這一死真是受不了
告知／2

把三年當作三十年來活／9
心地悠悠樂臥禪／12
根治？延命？／18
動脈栓塞術前的葬儀／24
生病也要有病格／31

第二章　行雲流水

淘氣鬼／38
達摩的耳朵／43
中途下車／49
臨終一飲／54
再度前往天龍寺／58

第三章　和尚是人生的啦啦隊

振興宗風／64

裕次郎之死／74
生老病死／80
奔跑的羅漢／86

第四章　圓明閣
建設圓明閣的夢／96
碧雲會／106
方廣寺奉贊會／110
方廣寺圓明會／119
拍電影／127

第五章　最後的日子
最後的說法／140
病床的日子／154
居家臨終關懷／169

過　年／173
最後的早晨／183
生活的品質／191

第六章　瀟灑的別離

遺　志／198
遺　書／204
告別式／211
音樂葬／224
最後的公案／233

後　記

第一章

我這一死真是受不了

告知

「如果是癌症的話，請照實告訴我，不要隱瞞。」老和尚以一種銳利的眼光盯著醫師，他的聲音蘊藏一股讓人無法含糊其詞的力量。

這是昭和六十一年十月四日在靜岡縣濱松市縣西部濱松醫療中心所發生的事。患者是臨濟宗方廣寺派第九代管長(譯者註：管長為近代日本佛教各宗派之行政首腦)荒金天倫老和尚，而醫師是當時的副院長室久敏三郎四氏。

所謂的老和尚就是師家(譯者註：師家為日本禪宗眾師之師)的意思，或指教導雲水修行僧的出家人。如果沒有得到師父認定其悟境與人格的「印可證明」，就沒有被稱為「老和尚」的資格，當然其師父也要以得到印可證明為前提。即使現在全日本也好不容易才有不滿五十位國寶級的「老和尚」，更何況是一宗一派的管長。室久醫師對於在這種眼神逼視下回答，如果說沒有精神上的壓力，那是在撒謊吧！室久醫師這樣說著當時的情形：

因為我當時還是不能說實話，所以告訴他：

「可能需要住院再做詳細的檢查。」

管長(老和尚)沉默了一會兒，經過多久呢？也許是三十秒或更長吧！

「如果說在肝臟有這麼大的腫瘤，那是癌症應該不會錯。」

在似乎洞察人心的眼中，且帶有不許別人支吾搪塞的迫力下，我回答：「的確如管長所說是惡性的腫瘤。」

看來管長已了解一切，我確信管長一定能夠堅強地接受自己罹患癌症的事實，現在想起來，那一刻真是與真實的對決呀！

發現天倫老和尚的肝癌完全是偶然的，因兒子荒木義博氏的建議，於昭和六十一年九月十二日與二十五日兩天，在濱松西山町北原內科醫院接受健康檢查，把超音波(Echography)貼近腹部的肝臟時，因而發現腫瘤。

當以超音波檢查時，發現在肝臟的地方有直徑約十公分左右的腫瘤，而且連手上也出現紅斑。雖然也可以想到一些其他的病名，但因為是屬於惡性的，也就是癌症的可能性很高，所以建議在大醫院接受詳細的檢查。

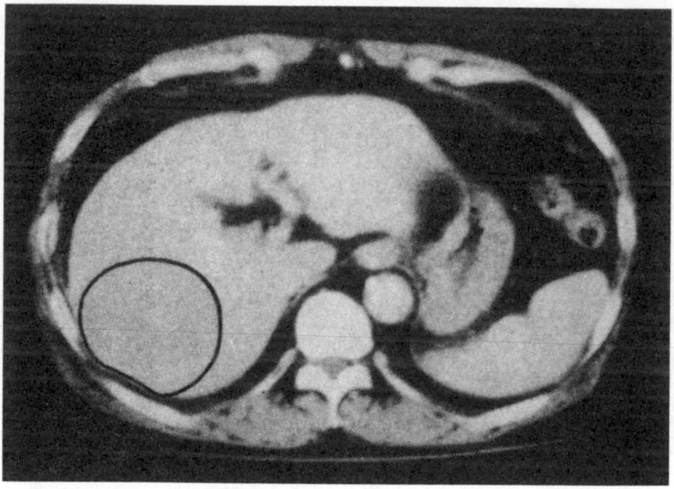

圖1　線的部分為肝癌。昭和61年9月（X光CT／照片．濱松醫療中心）

這是北原內科醫院北原克之院長的話。

天倫老和尚希望能接受濱松當地自己認識，而且能夠信賴的醫師的治療。於是造訪消化器官科權威的濱松醫療中心室久敏三郎醫師。

雖聽說最近逐漸有告知病人罹患癌症的趨勢，不過就整體而言，還是不夠普遍，因為如果明白告知的話，將帶來許多的困擾。即使醫師告知了，倘若其後又沒有妥善的照顧，或許只會使病患多一層折磨。而且醫師對於畏懼死亡的患者能盡到什麼樣的照顧之責？的確是蠻困惑的問題，醫師要擔負這麼多的病患，無法遷就於某一患者。在那種情況下告知後，醫師會有很大的心理負擔，而且也會增添家屬的困擾。麻煩的問題堆積如山，以目前的環境，到底該不該告知病患，的確是醫師們相當傷腦筋的問題。

老和尚之所以那麼堅持清楚地掌握自己的死期，那是因為牽涉到老和尚還有青少年研修道場「圓明閣」建設的偉大目標，這一點以後會詳述。此後老和尚的生活方式將被媒體大幅報導，這也將會對許多的患者或醫師造成重大的影響。

由於肝臟是人體內最大的內臟器官，以成人而言約一・五公斤，由三千億個以上的肝細胞所組成，負責「代謝機能」和「解毒機能」等工作。所謂「代謝機能」，就是說好比消化過的魚肉在小腸被分解為胺基酸，然後送到肝臟來，一方面將胺基酸轉變為構成人體的蛋白質，一方面重新製造能源——葡萄糖的機能。而所謂的「解毒機能」則是將有害物質轉變為易溶於水的形態，排放到尿和膽汁中的功能。

肝癌在日本是較為普遍的癌症，對男性來說僅次於胃癌、肺癌；女性也是次於胃癌、肺癌、大腸癌。五十歲以後男性的發病率大約是女性的五倍之多，其自覺症狀不難發現，是儘早發現即可能治癒的疾病。肝癌有一開始就發生於肝臟的原發性肝癌，以及從其他內臟器官癌症轉移的轉移性肝癌。原發性肝癌佔百分之七十至八十的肝細胞癌，據說過去有Ｂ型肝炎和輸血後肝炎病歷者，其發病率較高。

根治的方法只有以手術去除癌症的部分，幸運的是，據說正常的肝臟即使切除四分之三也沒有生命危險。

但如果已嚴重到用手觸診就可判定是腫瘤的程度才發現時，幾乎在數個月後就會死亡。最近據說 Embolization (肝動脈塞栓術．ＴＡＥ)等新治療方法的開發，逐漸也可以達到三年以上的生存率。

發現肝癌時，老和尚已六十六歲。當時是昭和五十九年四月三日，也是自擔任臨濟宗方廣寺派第九代管長職務以來即將邁入的第三年，由於老和尚未出家前曾在社會擔任過新聞記者、廣播公司董事等緣故，被大眾媒體稱為「一百八十度轉變的管長」或「與眾不同的老和尚」而受到矚目。老和尚也主張「和尚不該局限於只從事葬禮儀式，應該幫助生活在現代的社會大眾」，傾注全力在推展如何禪修的演講會及青少年的研修等，各種活潑的教化活動上。又於昭和六十年，拆除本山方廣寺境內的參籠堂，打算改建為肩負未來日本前途的青少年之研修道場而建設「圓明閣」，以培育健全的青少年為宗旨，開始展開勸募的活動。

天倫老和尚就是在那樣的情況下知道自己的癌症，當時老和尚的肝癌已經到了相當惡化的地步，直徑約有十五公分大，近似末期的狀態。

室久醫師邊回憶當時的情形邊說：

> 由於管長說：「因為還有尚未完成的宏願，因此希望能告訴我，日後還能夠活多久？」
>
> 我反問他說：「那些工作需要多少時間呢？」
>
> 經過仔細盤算的結果，他說大概需要三年，所以說：「我想應該可以保證再活三年吧！」
>
> 其實我們原本推斷以管長癌症惡化的情況，就算進行治療，大概也只有一年半的存活時間，不過連病人的願望一併考慮，才說「三年」的。因為當時腫瘤已

經相當的大，接近末期狀態了，如果不做任何治療，放任不管的話，恐怕連能否活到隔年的二月都還有問題呢！但無論如何必須更精密地檢查，並進行治療，所以勸其馬上住院。

但是老和尚當時已安排演講會的日程計劃，因此住院是在三天後的十月七日。老和尚在演講會等說到自己肝癌的狀況時，經常舉棒球的例子。就連在留下來的最後的錄音帶中，也使用那個比喻，好像把自己當成局外人似地，平淡地述說自己知道罹患癌症時的狀況：

肝癌這種東西就像承蒙室久醫師所告訴我的，在肝臟內有一個大的硬塊，因為不可能是金子或鑽石跑到那種地方去，所以可以斷定一定是癌症。這也是為何我拜託室久醫師照實說，不必隱瞞。若有人問：「以棒球為例的話，差不多是處在什麼局面？」我說：「第九局下半，兩出局兩好球，剩下一次揮棒的機會，若揮棒落空，這場球賽就結束了。」

把三年當作三十年來活

若說知道自己罹患肝癌，還若無其事，那是騙人的。全世界大概沒有人會在被宣告癌症後，仍會笑著說：「這樣子啊！原來如此。」我記得當時面無血色，如墜深淵。據說在大田蜀山的狂歌中有一句：

以前以為是他人的事，

我這一死真是受不了。

真是傳神呀！我猜他也得過癌症吧？接著我向室久醫師請教，「還能活多久呢？」

他回答說：「三年左右吧！」

我想既然如此，就把三年當作三十年用吧！這絕對不是不認輸的話，好比馬拉松賽跑，第一、二名到達終點的選手，通常能氣定神閒地回答記者的採訪。反倒是最後一名抵達終點的選手，卻常常奄奄一息倒下去好像快死的樣子。人生的步調一旦沒有調整好的話也會這樣。我被宣告剩下三年的時間，但在精神上決定把這三年當作三十年來使用，於是就開始接受療養。

此外，平成元年四月九日，大約是去世的半年前，在揖斐川町大興寺的演講上，老和尚借用醫師的話為例說禪，其中說到自己的心情：

因為被醫師問到：「難道管長不怕癌症嗎？」

我說：「怕呀！說不怕是騙人的、嘴硬逞強而已。但是既然已經形成，再怕，癌還是癌。」

醫師說：「聽你這麼說，我就安心了。」

我問：「為什麼？」

他說：「有某寺院的和尚自誇：我坐禪所以不怕癌等疾病，若是癌就直說無妨。我不由受他感動，就照實告訴他，沒想到他當場臉色發青，一個月後就去世了。」

那是他修禪有問題，所謂坐禪開悟，並不是說即使被宣告癌症也不在乎。真正的禪是深思熟慮且對事情下正確的判斷，這才是禪、才是悟。

一般世俗人經常勸病人說，請勇敢地與疾病纏鬥下去，我卻常勸人不要與疾病纏門。因為與疾病纏門就會有贏有輸，而且要得癌症也不是那麼容易的，所以我常說不如以愉快的心情來面對它吧！而世人常說精神力量的偉大，那也不對。因為所謂的精神力量，換句話說就是不服輸的意思，可是這也是沒有辦法的，因為你再怎麼討厭，癌永遠還是癌。而且住在寺院的人，怕癌的話根本無法生活。（因為日語敲鐘的聲音和「癌」的發音相同。）

圖2　正在看X光所照出自己癌症的天倫老和尚。昭和63年10月

在夾雜著幽默的老和尚特有的比喻中，明確地指出不論是禪或悟都不是死裡逃生的辦法。所謂的禪和悟不是用來應付疾病的手段，而應該具有更深的層次，是教人如何有智慧地面對「如何生與如何死」的意義吧！這個道理豈不是正好和老和尚的下面一段話相互輝映嗎？

就算你用嘴巴說我開悟了，若沒有用行動來實踐，還是不行的。一個人一旦認定自己已開悟那一剎那，事實上，你就完全偏離悟的境界了，因此絕對不能疏忽、懈怠修行。到死之前還是要修行，即使死了，也要修行。（週日說法會）

心地悠悠樂臥禪

朝望奧山夕富岳
千峰秋色轉鮮妍
杏林消息人休問
心地悠悠樂臥禪

這是老和尚住院中所作的漢詩。從「以前以為是他人的事，我這一死真受不了」的心情，直到改變為「把三年當作三十年來活」這樣的心情，老和尚的心中產生了什麼樣戲劇性變化呢？據說老和尚總是臥躺在床上，不採坐禪而是以臥禪，不斷地思索古則公案。公案是「公府之案牘」的略稱，就好像是國王所張貼通告的文件，修行者就是根據完全無誤的公案而修得禪境。關於老和尚給自己出的公案，是這樣說的：

住院中，以睡覺的方式坐禪，把當時的心境做成一首漢詩，佛教稱這樣的詩句為「偈頌」。

爬到醫院屋頂上的平臺，眺望著北方，就可以看到方廣寺深邃的群山；回首東方，可見富士山山頂。於是誦曰：「既可見到深山，又能見到富士山。」因為已是入秋的季節，群山被紅葉染紅，而且顯得非常美麗。

所謂「杏林」就是指醫院、醫藥的意思。也許有人會擔心「管長住院該怎麼辦？」不需要的事情，可以不必去做，有些事即使操心也沒用。身體有病是物理上的痛苦，但是心的本體……，它是擁有無限的能量，且超越時間、空間；是絕對的空、絕對的無，但它卻是充滿整個宇宙，且朝氣蓬勃著。在《般若心經》裡也寫著心的本體說：「不生不滅、不垢不淨、不增不減。」像這樣地，並不是忽生忽死、忽增忽滅的。又說：「色即是空、空即是色。」像這樣地，世界上沒有一件東西形貌永遠不改變，因為它本來就是空的。但一旦你認為它是空的，它卻又明明多彩多姿、形貌俱現。這樣不停徹底地反問自己，不停地在住院的病床上，一邊睡覺一邊坐禪。

當於昭和十二年在天龍寺僧堂修行時，曾跟隨管長關牧翁老和尚學習到「兜率三關」（《無門關》）的公案：

> 兜率悅和尚，設三關問學者，撥草參玄只圖見性。
> 即今上人性在甚處？
> 識得自性，方脫生死；眼光落時，作麼生脫？
> 脫得生死，便知去處。四大分離，向甚處去？

【編輯部意譯：兜率悅和尚，設計了三個問題來考修行僧們。

你們是為了掌握心的本體，才行腳修行的吧！既然如此，那麼你們的心的本體是什麼樣

子呢？(第一個問題)

如果你能夠徹底地掌握心的本體，照理應該已超越了生死。既然如此，臨終時你準備用什麼態度面對死亡呢？(第二個問題)

如果已超越了生死，照理就應該知道去處。死了之後，你的心的本體到哪裡去了呢？(第三個問題)】

兜率悅和尚對學者修行僧提出三個問題。在行腳修行時，從遠方千里迢迢來到所尊敬的老師處，是為了更努力的修行。而所謂修行是為了「只圖見性」，也就是為了掌握自己心的本體。那麼你的心的本體是什麼樣子呢？這是第一個問題。「識得自性」：你的心的本體，如果能夠徹底地掌握的話，就是「方脫生死」。「眼光落時」：即所謂的臨終斷末魔時(譯者註：末魔，梵文為marman，譯為死節、死穴)。「作麼生脫」：也就是說準備用什麼態度死；這是第二個問題。第三個問題：「脫得生死，便知去處」是說，如果通達生、死的話，就應該知道去處。「四大分離，向甚處去？」「四大」就是地、水、火、風。人的身體上，肉、骨之類比喻為大地；而水是血液和體內的水分；火是熱；風是指人的行動和思想。當此四個構成肉體的元素拆散了，也就是死後，你的本心、本性、心的本體到哪裡去？

又有一在《碧巖錄》中的公案：

馬大師不安，院主問：「和尚近日尊候如何？」

大師云：「日面佛，月面佛。」

【編輯部意譯：馬大師臥病在床時，住持和尚問到：「大師！貴體如何？」馬大師回答說：「日面佛，月面佛。」】

馬祖道一禪師是唐代的名僧，生了病且命在旦夕。當時院主，所謂院主是掌管寺院事務的和尚，他向馬大師問：「和尚近日尊候如何？」即是您身體狀況如何呢？馬大師回答：「日面佛，月面佛。」所謂月面佛就是一日一夜壽命的佛。所謂日面佛是一千八百歲壽命的佛，馬大師做了這樣的回答。

這正是探究生死極限的公案，我在醫療中心的病床上，認真地思索這兩則公案。

這「馬大師不安」的公案，也是我跟隨當今天龍寺管長關牧翁老和尚參禪時的公案，努力地推敲它。「四大分離甚處去？」「日面佛，月面佛」……，拼命地反覆思索這些問題。

應該要如何地生？應該要如何地死？死了的話就會變成怎樣……等等。完全沒什麼道理，因為是自己切身的生命問題，真的拼了命地在思惟。本來開悟的意思是指在修行中獲得的，但是一旦到了要領悟到生死的根源時，一定只能在病床，這句話一點也不誇張。所以能獲得這種難得的機會才有的癌症，對我而言真是彌足珍貴的疾病啊！

正因為如此，我的心都一直非常安定。世人一旦罹患癌症，就認為一切都完了，自己和家人也意志消沉。我既不是故意逞強，也不是不甘認輸。這就是為什麼既不會恐懼，也不會不安的理由。

活著的時候，盡最大努力地活；死的時候，認真去死。到了秋天樹葉凋落時，你再說什麼我不喜歡凋落之類的話，也無濟於事。因為樹葉到了秋天自然就會掉落，而一到了春天又會生氣勃勃地冒出嫩芽來。

把這種心境用漢詩表達出來：

朝望奧山夕富岳
千峰秋色轉鮮妍
杏林消息人休問
心地悠悠樂臥禪

大本山方廣寺，其七堂伽藍座落在深山、幽谷的老松、古杉所環抱的六十多公頃境內。是南北朝時代由後醍醐天皇皇子滿良親王的後代無文元選禪師，開創於一三七一年（建德二年）的禪道場。明治三十六年，以方廣寺的身分而獨立。在境內樹下的石頭上，並排著各式各樣的五百羅漢，或俯視溪流、或仰望天空。在這五百羅漢中，傳說著必定有一尊像自己模樣的羅漢。介紹到這個傳說後，老和尚經常會這樣的加以補充：「入山門後不久，在左側有尊正躺著的羅漢，那就是我啦！」

根治？延命？

昭和六十一年十月七日，天倫老和尚住進縣西部的濱松醫療中心。然後於十月九日，再度以X光CT(電腦斷層掃描)檢查肝臟。又於十月十三日進行血管造影檢查。如果根據這些檢查，老和尚肝癌的主要部分是十五公分，同時發現老和尚有輸血後肝炎的過去病歷。曾在昭和五十二年動過手術，似乎就是當時輸血所造成的。

醫療中心的室久醫師於十月二十三日，召集中心內、外科專門醫師詳細研究治療方針。包括室久醫師大學的學弟也是肝臟權威的長崎中央醫院矢野右人部長、濱松醫療中心放射科的小林聰部長、消化器官科的竹平安則副部長等四人，四人以室久敏三郎醫師為中心而展開激烈的辯論。最後獲得的結論，「手術切除肝臟的話可活一年半；不切除而進行Embolization(動脈栓塞術)也同樣只有一年半的壽命」，這是醫師團一致的見解。徹底切除肝癌，完全治癒的可能性也不能說沒有，但其準確率極低。總之治療方針，可以說只有兩個。一個是藉由手術切除肝癌，另一個是「動脈栓塞術」。

如前所述，「藉由手術切除肝癌」的危險性極高，但如果順利的話，完全治癒，再度回到社會也不是不可能。然而其可能性在統計上極低，而且手術後至少二～六個月間，必須住院觀察。其間如果有癌轉移或復發的話，也有可能造成不幸，就此撒手塵寰。如此一來，患者必須依舊被纏縛在病床上虛度殘生、迎接死神。

另一方面，藉由動脈栓塞術比藉由手術切除完全治癒的可能性更低，這是為了延命的治

圖3　第二次以後做TAE的小林聰醫師

療。把一種導管的細管插入鼠蹊部的動脈，同時使造影劑流到其頂端達到癌細胞增殖的部位。一邊看著以X光照出的映像，一邊在患部投予抗癌劑，是一種以栓塞劑封閉通往肝癌動脈的方法。由於封閉了連接肝癌的大血管，同時切斷癌細胞的糧道，使其達到壞死的目的。治療會伴隨著發熱與疼痛等的副作用，但是與手術的情況不同，住院二週左右就能馬上回到社會生活。

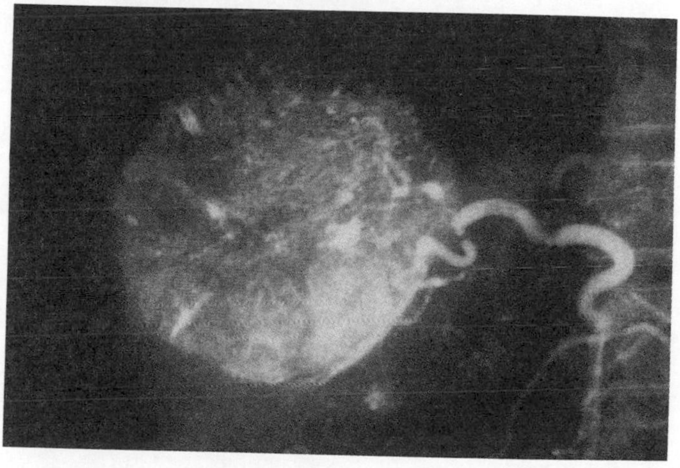

圖4　肝癌的主病灶與小轉移灶。昭和61年11月（根據動脈栓塞術前血管造影的X光片・濱松醫院）

這二種方法嚴格說來，一個是「把希望寄託在極小的可能性」，而另一個是「接受死亡，一面繼續必要的治療，一面過著近乎平常的生活，直到死期的到來」。二者之間到底應該選擇其中哪一項呢？

由於天倫老和尚已經非常清楚自己的病情，所以室久醫師一邊慎重地選用措辭，一邊就相關的治療向老和尚說明，同時商議其治療方針。一般說來，儘管其可能性只有一點點，醫

圖5　主治大夫室久敏三郎醫師

生為了想要讓病人活下來的強烈使命感的緣故，經常是把著力點擺在「手術」的說明。倘若對患者隱瞞癌症的情況下，家屬也希望患者活下來，哪怕只有一絲的希望，也滿懷想要一試其可能性的心情。因此，醫師很難啟齒勸病人採用這種完全治癒的可能性很小，只是延命的「動脈栓塞術」。當然如果連動手術都完全不可能的末期狀態，或病情過於惡化，則又另當別論。

十一月一日，室久醫師把透過和負責專門醫師的討論，所決定的治療方針對老和尚說明。室久醫師描述了當時的情形：

> 管長說：「希望採用避免妨礙我活動的治療，因為我有必須完成的工作，實在沒有時間長期住在醫院裡。」這是管長對治療方法的期望。我向他說明：「做動脈栓塞術雖然會有發燒現象，但是住院一、兩週左右就可以了。」於是管長以「實在沒有時間長期住在醫院裡……」為由，希望不要手術。

老和尚選擇採用動脈栓塞術治療，因為他有圓明閣建設的偉大目標。老和尚不論是否罹患癌症，都必須致力於那些工作，只是因為罹患癌症而受到時間的限制。老和尚為了要達成目標，就必須撥出時間來。

動脈栓塞術前的葬儀

昭和六十一年十月十七日，這天上午，靜岡縣西部濱松醫療中心打算對天倫老和尚進行動脈栓塞術治療。

預定進行治療的數天前，老和尚告訴室久醫師說，他因為有要緊事無法取消，希望把動脈栓塞術治療改在下午。室久醫師以一種似乎在搜尋記憶的表情說：

> 老和尚：「因為有一樁非去不可的事」，關於其理由老和尚已詳細告訴我了，因此我當時就把動脈栓塞術治療改在下午進行。

原來老和尚要擔任朋友父親葬儀的導師。這位朋友是指靜岡新聞西部總局長的古橋伸元氏。下面的話雖然長了一些，就讓我們聽聽古橋氏怎麼說吧！

我是「碧雲會」這個親近老和尚組織的會員，這個會的主要成員是由感佩老和尚人品的一群年輕實業家所組成，三個月集會一次，經常聽老和尚開示，或一起用餐。我們承蒙老和尚特別恩准，得以他的室號碧雲為會名，而我是以新聞工作者的身分參加了這個會。

有一次會後，我和中村建設社長中村信吾氏、律師村松良氏三人留下來談到自

圖6　策劃周日說法會的古橋伸元氏

己的父親。這時候因為老和尚問到我父親的年紀，我回答說八十七歲，老和尚似乎突然有感而發地說：「原來如此！在座三位的父親，都是非常了不起的人，如果可以的話，你們三位當中，若有哪位的父親往生時，都由我擔任葬儀的導師吧！」因為很少聽說一宗一派的管長猊下(譯者註：猊下為高僧的敬稱)擔任俗人葬禮導師的事情，當時以為只是玩笑罷了！

自此大概一年後，就在父親快要八十八歲生日時，他身體日漸衰弱。由於父親擔任過縣議員及各種農業團體的要職，也曾經從事財團法人日本花卉生產者協會的會長等各類職務，如果去世的話，必須舉行配合其身分地位的葬儀。但是過去一直沒有談到葬儀導師的事，因此就跟父親提起這個問題。當我對父親說：「事實上，管長說過他願為我們擔任導師。」於是他非常高興地說：「如果有幸能蒙輿山管長主持葬儀，那我就可以安心隨時離開人間了。」第二天，父親因腦梗塞病發，三天後就去世了。

老和尚大概是看了報紙，碰巧得知父親的死，於是主動和我們聯繫，可見他還記得以前說過的話。但是聽周遭的人說，管長不可能擔任俗人葬儀的導師。還聽說有人拿幾百萬日元去拜託他，卻被大聲斥責回來的事情。可是當我正想推辭他的好意時，他卻說：「和尚不打妄語，是不是有人多嘴說三道四……」，最後他還是答應接受我們的請求，這對我們來說，真是至高無上的榮幸呀！

大概是在葬儀的前一週左右吧！老和尚為了準備香語(香語：儀式中，導師在拈香之際所唱誦的文句)而叫我過去一趟，因此晚上九點左右就到醫療中心。「關於令尊的事我只有粗略認識，想更詳細多了解一些。」就這樣和老和尚談了許多。第二天早上六點半左右再度拜訪時，發現墨痕未乾的香語已經寫妥了。「就直接把這香語拿到印刷店裡印刷，當天可連同亡者的生平事蹟一起放入信封裡分送給與會者，這樣的話，大家就可聽懂香語的意思了。」

老和尚說完，就把寫好的紙交給我。然後葬儀當天，司儀解釋說明：「下面是老和尚宣讀的香語……。」接著老和尚就宣讀了，與會的人聽了都非常感動。之後，當聽到老和尚因動脈栓塞術治療在即，來之前根本滴水未沾，無不更加感激感動。更令人佩服的是竟能在如此短的時間內，用這麼優雅的漢文撰寫如此貼切的香語。其中我最忘不了的是「不留美田予兒孫，乃為積德滿天下」的一段。因為父親是個有操守的政治家，是所謂的「井牆型議員」。這個典故是指過去傳統政治家，不但不撈錢(黑金政治)，反而是變賣家產，落到家徒四壁，最後只剩牆和井的困境，總之也沒留下什麼財產。老和尚深知此內情，特地用這句話來描述，所留給子孫的就是到處有人脈，方便辦事的信用。

當時，靜岡縣知事齋藤氏也在與會者中，自此聽說深受老和尚人格的感動，也開始主動親近老和尚。

葬禮結束後，我前去拜訪老和尚，想致上謝禮。老和尚說：「由於參加令尊的葬禮，實際上能夠結交許多的朋友，就已經充分地接受你的禮物了。」反而向我道謝，不肯接受我的禮物。他知道我家並不富裕，就訓了我一頓說：「我知道你沒錢，從來沒有人當新聞記者而致富，變得飛黃騰達的，如果你帶禮物來，小心我從醫院的屋頂灑下去！」迫於無奈，我只能把它當成是探病，而請他收下從世間的常識來說實在是微不足道的禮金。

就是因為上述的事情，老和尚才會請求醫生將動脈栓塞術治療延到下午。於是十一月十七日的下午，室久、小林醫師特別拜託由動脈栓塞術權威的靜岡縣立綜合醫院消化器官科伊東和樹副部長，進行最初的治療。如前所述，那種治療通常會帶來劇烈的疼痛，甚至第二天起也會有高燒的苦惱。但是，平日常說：「痛的時候，當然會痛，人又不是鐵做的。」這樣的老和尚，不管多痛，也似乎不曾聽他從口中喊出「痛」來。

老和尚在這大約一個月前的十月十三日，進行血管造影，接受注入抗癌劑的治療。手術的方式與動脈栓塞術治療相同，只是不採取閉塞動脈的方法。因此，正式的動脈栓塞術治療第一次算是十一月十七日下午古橋氏葬禮後所進行的治療，但是就血管造影來說算是第二次了。

下面我們親耳聽聽看老和尚所說，關於治療當時心情的感受吧！

> 最痛苦的是第二次作血管造影的時候。十一月十七日，因為注入相當強的抗癌劑，進行中當然很痛，接著發燒到三十九度四左右，持續了兩、三天，體重急遽下降，聽說臉色好像整個變得蒼白無血色，但自己卻完全沒有察覺。
>
> 事情是隨人想的，知道痛苦正好可以作為你還活著的證據。我很慶幸當了和尚，而且經常坐禪，所以能夠任意改變自己的心念。因為被宣告剩下三年可活，我就下決心說：好吧！如果那樣，精神上就把它分為三十年來用，打算讓自己好好充實地過這三十年，今後每天都以此心情來過日子吧！

老和尚那裡好像經常有不同的訪客，但是高松親王及親王妃的造訪，似乎讓老和尚感到特別高興，好幾次說出感謝的心情：

> 最值得感謝的是高松親王把這麼漂亮的花送到病房時，上面還寫著：「祝早日康復！」接著送來帝國大飯店著名的法國菜餚及各種禮物，同時還有鼓勵的話，得到親王長期的關照。

親王好像不知道自己當時也是罹患肺癌，親王妃似乎知道這件事，而於昭和六十二年二月三日去世。

親王妃的母親，是一位非常慈祥的人，也是因癌症而過世的。親王妃因母親的去世，自己出資，而成立所謂的財團法人高松親王妃癌症研究基金。

老和尚與高松親王，以及親王妃的關係，於第四章提到再說吧！

生病也要有病格

我在醫療中心住院時，在那個樓層住著許多癌症的患者。有人意志消沉，也有人與醫生發生爭吵，有時候還對護士大吼大叫。護士對於這種無理的情形，只能默默地承受，但是內心總是不愉快的。

在那裡有一位七十五歲、經常鬧事的老先生，我告訴他說：「如果你在外頭想要當大爺，讓年輕女孩握住你的手，沒有五萬、十萬小費是辦不到的！在病房的話，一會兒有人來量脈搏，一會兒來量體溫、血壓，對方毫無怨言主動地握住你的手。而且還有三餐，外加午休，你應該感謝才對。」聽完了我的話，老先生就若有所思地說：「對呀！我怎麼沒想到這一點。」惹得大家哄堂大笑！

老和尚在醫院好像仍不忘鼓勵病人放鬆心情，主治大夫室久醫師的妻子定佳夫人做了這樣的證言：

正好當時我婆婆也住院，所以每天都會前往醫療中心探望。在病房的中央有一會客廳，管長先生晚飯後經常會在那裡抽煙，那裡設有電視，是健康狀況較佳的患者休憩的場所。但是在管長先生住院期間，就暫時成為「向大眾說法」的地方。他輕鬆地加入患者們中，而且大家好像聚集著期待管長先生的開示。時時笑聲四起，感覺到病房氣氛變得活潑。我自己也一面照顧八十八歲的婆婆，一面受到老和尚的鼓勵和指導。

此外，醫療中心八樓的鈴木美佐子護理長也在受訪中如下地說：

我曾經聽說，有位患者病情突然急遽惡化身亡。這種遺憾的事，原本在醫院是常有的。可是他的家屬驚慌失措哭喊著，一下子追問護士，一下子責問醫生。因為那種哭喊聲響遍整個病房，聽說令其他的患者感到非常不安。碰巧管長先生在那裡，就安慰其家屬。我想大概是以佛教的教義，說了有關人生死問題，才使家屬漸漸能夠接受事實吧！原先的吵鬧後來就整個寧靜下來了，所能聽到的只有悄悄哭泣的聲音。

老和尚當場就為在那裡去世的人誦經，據說使家屬很快就能恢復鎮定，開始轉為以冷靜態度接受事實。同時湊巧該家族也曾經是方廣寺派下院的信徒，家屬對管長能親自為他們誦經，感激不盡。

老和尚說：

硬要充好漢是最要不得的，一旦住院就要承認自己是病人，要徹徹底底的做個好病人。有些人明明住了院卻還要逞強硬說：「我不服輸。」真是無聊透頂。有人經常說「和病魔搏鬥」，我卻非常討厭這種說法。和病魔搏鬥自然就有輸、贏。如果死了就當作「啊！我輸了。」其實死那裡是輸呢？真正要論輸贏的話，在生病中看不清自己，那才是輸吧！而我衷心期待與癌為友，所以從來沒有輸。人不是因癌症而死的，是因為壽命盡了而死，癌症只不過湊巧充當死亡的板機。我也不喜歡所謂「精神力」的字眼；在戰爭中，明明沒有武器彈藥、糧食，卻鼓舞著大和魂、神風與精神力，最後還是難逃失敗命運。所謂精神力說得更具體、更白一點，就是不服輸呀！這是錯誤的觀念，不該用精神力量來奮戰。既然生病了，就徹底地接受自己是病人，與疾病共存亡，除此之外別無他法。因此不要和病魔對抗，應該要盡心盡力去生病，與病成為好朋友即可。托生病之福，周圍的人對我說：「今天的工作我們會處理好，所以管長請您安心休息吧！」之類的話，這樣我才有悠閒偷懶的機會呀！如果沒有生病，恐怕人家會說，那小子又在偷懶了……。

老和尚厭惡隱藏在「與病魔搏鬥」、「精神至上」背後的假道學心態，也很討厭只是虛偽表面的慰問。在一次聚會中，老和尚說了如下的一則插曲：

有一位交往親密的朋友來探望我，一看到我的臉就說：

「你沒有像癌症的臉，所以不要緊的！」

我用手指著自己的鼻子說：「難道癌症會出現在臉上嗎？我的臉自始至終都是如此。」

「嘴巴還這麼厲害，可見你病得不嚴重。」

「嘴巴厲害的話就能長壽嗎？」

於是，他說：「你就不要一句句那樣極力爭辯下去了。」

「那麼你也不要講這種教人受不了的話吧！」

「既然如此，那就請多保重吧！」於是說完就打算要出去。

我接著說：「你才要保重，我住在鋼筋水泥的醫院有三餐，外加午休。倒是你所走的路才滿危險的，最好小心點，不要被車子撞到。」（大興寺的演講）

正因為交情深，所以才你一句我一句的互相鬥嘴。以老和尚的個性，反而是那種虛情假意，表面裝出慰問詞或鼓勵的話，最教人受不了。也正因為如此，老和尚才能隨時隨地都以最真實、嚴肅的眼光，一面正視自己病情的變化和所剩無幾的時間，一面認真地過著每一天。「有形無實的慰問詞最虛偽了，既然要去探病，就要心口合一認真地探病。」老和尚這樣堅定地說。

第二章

行雲流水

淘氣鬼

「破天荒」、「獨特」、「與眾不同」、「一百八十度轉變的管長」，這些都是媒體對荒金天倫老和尚所加封的頭銜，不過從小似乎就可以看出這種傾向。老和尚小時候被無法忍受他頑皮的父母送到臨濟宗妙心寺派萬壽寺的僧堂寄放。曾經過著從僧堂通學的生活，可是不久就還俗，參加戰役，當陸軍報導部員。戰後擔任過記者、廣播公司董事等要職，活躍於大眾傳播界。但到了五十歲再度拋開一切，回到僧堂，重新面對修行。為了瞭解老和尚末期的生活方式，應該先瞭解其成長過程吧！這一章想要探求天倫老和尚從少年時代，到再度出家進入方廣寺期間的人生。因此在這一章有許多地方參考記載老和尚自己的自傳——《在現代中活下來》(鈴木出版)。

大正九年三月四日，荒金喜義(老和尚)出生於大分市，成長於北九州若松。當時若松作為筑豐煤碳的裝載港，非常繁榮。就像一般的港都市井街道一樣，也有角頭割據的「俠義町」。父親經營所謂「自然療法」的斷食道場，同時因治療效果奇佳，而被患者尊稱為「黃金手」。

昭和三年，喜義少年小學三年級時，父親再次出家。父親荒金雲外和尚，原本出自寺院，為總持寺開山祖師新井石禪師的弟子，但因故還俗。然而，承蒙當時為方廣寺管長的足利紫山老和尚的關照，移居若松市大鏡山高寺無住持寺院當住持。

老和尚在自著《在現代中活下來》一書中，這樣的記載著：

> 父親也好我也好，親子二代都因與方廣寺結緣，而「再度出家」，是多麼難得彌足珍貴的佛緣啊！父親於昭和二十七年四月二十二日去世，而這一天正是方廣寺開山無文元選禪師的祥月忌辰，享年也與開山祖師同為六十九歲。「今天是開山祖師的忌日，多麼難得啊！」於是，自己合掌後就斷氣了，那種情景，如今仍清楚地浮現在眼前。

老和尚也是享年六十九歲，臨終完成擔任臨濟宗方廣寺派管長的任務。老和尚喪父是在《福日晚報》的記者時代，三〇年代下半，我們認為其父親臨死的樣子，似乎深深地影響著他。老和尚在最後的錄音帶中如下說到：

> 我父親同樣也是因癌症而死，享年六十九歲，剛好和我現在年紀一樣。臨終之

前，我侍奉在側，「與開山祖師同一天死，真難得，代我向一直關心我的大家道謝。」說完就去世了。以後有人說：每次看到訃聞，經常寫著「醫治無效」，這樣是不正確的，等於是對盡職且拼命想挽救病人生命的醫師一種侮辱。以後應該改成：「非常肯定醫治的效果，安享天命。」想到父親實在是坦蕩地往生，但臨死時對我說：「等一下我就要死了，不必再叫醒我了。」好像在睡覺那樣，十分鐘後就斷氣了。我在旁邊觀看整個過程，心想所謂禪僧當如是也。否則健在的時候，光會說一大堆道理也是沒用的，不如在自己真正死以前，對關照的大家說聲「謝謝」後死去，其他什麼都不用說了。我過去做了一些不務正業的事，現在想想，能夠活到今天，當然是託雙親、世人、師父、其他朋友的關照。

據說少年時代的老和尚是個無從管教的頑皮小孩，在鄰居當中也是令人討厭的人，鄰居的父母親好像經常因不滿而生氣地到他家大聲抗議。小學、中學時，父親雲外和尚就經常被老師請到學校，要求多管教小孩，每次其父親都會哀聲歎氣。於是，父親不得已只好把頑皮的小孩喜義少年寄放在萬壽寺。

不知如何是好（看得出來）的父親，苦苦哀求每年都會回到大分萬壽寺（中途二天一夜的日程必定順道到高岳寺）的足利紫山老和尚說：「我想我恐怕會被這孩子折磨得減少壽命，可是又不便把寺院的兒子送進感化院（現在的少年拘留所），實在是很傷腦筋。」

於是，好像打盹羅漢溫柔表情的紫山老和尚摸摸我的頭，笑瞇瞇地說：「從前『好像禪寺的小沙彌』這句話是淘氣的代名詞，要不是有這些精力充沛的小鬼，禪的修行就沒法進行了呀！好！好！我會懇求奧大節老和尚，在你脖子掛個郵單，把你送到萬壽寺。」（《在現代中活下來》）

昭和九年，也就是喜義少年就讀若松中學二年級的春天，喜義少年一直以為那是「饅頭寺」（**譯者註**：饅頭寺的日語發音非常近於萬壽寺），因此以為到那裡能弄到饅頭，就摸著飢腸轆轆的肚子跑向寺院。正因為有這先人為主的印象，當真正到達禪寺，讓見到奧大節老和尚的少年非常驚訝，眼前這位老和尚，原來一直以為就像是個如足利紫山老和尚「打盹羅漢的人」，結果卻是以銳利眼神瞪人，眼角有點上揚的兇相，泰然地坐在那裡。

當時在萬壽寺的雲水修行僧好像有四十幾位，小沙彌經常在四、五位。禪堂的生活相當嚴謹，夏季雨安居早晨三點而冬季雪安居早晨四點鐘就必須起床，然後誦經及稱為出坡的勞動，接著不斷地坐禪。所謂粥座的伙食是在麥七米三的稀飯裡，加上一點被稱為萬年醃漬的鹹菜。之後一整天不停地坐禪，朝夕坐禪的生活。

這期間，喜義少年也轉入九州著名的大分中學就讀三年級，使奧大節老和尚感到非常高興。喜義少年每天寺裡的工作似乎必須做到快要上課，在遲到的前一秒好不容易溜進學校。放學後回到寺裡，師兄們又要吩咐做那做這，每天筋疲力盡地工作到晚上九點熄燈為止。因為從早上的疲累和連日來的睡眠不足，據說在上課時經常打瞌睡，但是學業成績還是很好。在小沙彌中，只有喜義少年沒有留級，而且能夠順利地畢業。他是如何規劃兼顧禪堂嚴謹的生活和學業呢?奧大節老和尚都不得不說：「嗯！既然要調皮，頭腦當然要一極棒喏！」

昭和十一年一月十日的臨濟忌，喜義少年以奧大節老和尚為戒師，接受得度式(譯者註：得度式即剃度出家的儀式)。從俗名的荒金喜義取其「義」字，採用「義堂」的安名(法名)。據說當時奧大節老和尚說：「給你取個偉大的名字……。」想必心中是對這個少年的期望很高吧！

以後成為天倫老和尚老師的現任臨濟宗天龍寺派管長關牧翁老和尚對我們的訪問，提供了以下的話：

與其他的修行僧沒有特別不一樣的地方，但可以說非常聰明伶俐，一遇到事情就會顯露出來。

一旦習慣萬壽寺的生活，似乎搗蛋蟲都醒過來了，也因此做出數不清的惡作劇。用蛇把老太婆嚇昏了；或把農家的馬騎到累倒；或把庭院的竹子一一砍倒……，每次好像還揮了拳頭和耳光。據說大節老和尚生活緊張到每次一有訪客來，就以為又是有人上門來興師問罪的地步。

達摩的耳朵

接著，造就喜義少年後來再度出家的契機，是一個非常嚴重的惡作劇。這是天倫老和尚說到自己成長過程時，經常提出的話題，所以是廣為人知的插曲。但在此就引用老和尚的自傳來看看吧！

進到萬壽寺大門口的正面，在書房的壁龕上，掛著一大幅達摩畫像，經過漂亮

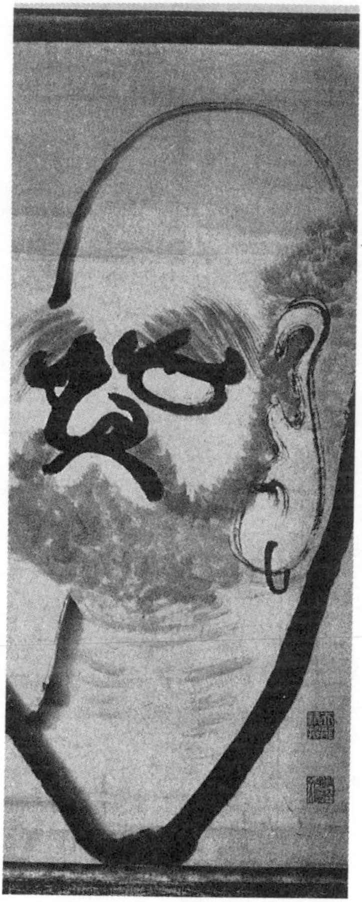

圖 1　關精拙老和尚所畫的達摩像。耳環為天倫老和尚所加

的褙，這是天龍寺前一任管長關精拙老和尚所畫的作品。

（略）

達摩祖師是印度的王子，達摩畫像通常在耳上畫有環（耳環大小）。但是為什麼萬壽寺的那幅沒有畫環，「真奇怪」。當時不畫就好了，但是正磨著墨的我，添加一些墨水，就在那達摩祖師的耳上加個很大的環。

看來似乎有人打小報告，當時我正在仔細端詳、檢查作品的成果。喀喀作響的腳步聲，老和尚從寮房走出來，然後抓住我的脖子說：「看你幹了什麼好事！」

老和尚眼裡淚水都快流出來了。

原本以為是個偉大的創作，這時我才驚覺到可能闖下大禍了。後來還擺個架式吹噓說：「這樣雖是亂畫，但將來修了禪，得到『印可證明』，倘若我當了老和尚，這將是精拙老和尚和這個義堂老和尚(手指著自己的鼻子說)合作的墨跡(管長或老和尚級所寫的法書)。」

「什麼?」老和尚以非常驚訝的表情說；

接著「嗯!」

哼了一聲，可是除了

「原來如此!修行後成了老和尚」的話之外，什麼也沒說，就回寮房去了。

(略)

「還好逃過一劫。」

原本以為會受到處罰的我，就偷笑著順利地溜了。但是大節老和尚以後永遠也忘不了那件事。(《在現代中活下來》)

天倫老和尚這樣地結束這段話：

儘管如此，不愧是大節老和尚，仍然沒有放棄調皮搗蛋的我，還不斷地教導我。要不是那樣，現在不知會變成什麼德性？……想到這裡，不禁捏把冷汗。（同）

事隔多年後，聽到老和尚的這一番話，似乎他對於奧大節老和尚沒有放棄教導自己一事，深感報恩之情。老和尚似乎如此想著：奧大節老和尚這樣的一位出家人，救了已無可救藥的自己；萬壽寺這樣的寺院，接受並矯正了幾乎被世間所拋棄的一個少年。平成元年春，大約在老和尚去世前半年，對電視節目的採訪，回答以下的話：

想到自己的童年時代，總是令大人傷透腦筋的調皮。我能擁有今天，完全是託奧大節老和尚、關精拙老和尚、關牧翁老和尚的福。所以我有為自己小時候贖罪的想法，打算致力圓明閣建設作為畢生的事業，想要豐富孩子的心，想要教育孩子的心。（SBS「生活」——老和尚談癌症）

昭和十二年，義堂禪師順利畢業於大分中學，於是被安排再入天龍寺僧堂修行。老和尚對此事感到非常高興，特地煮了小紅豆飯，準備了紅白饅頭來慶祝。天倫老和尚談到了當時的心情：

彷彿耳際又傳來從足利紫山老和尚聽到饅頭的故事，不禁熱淚奪眶而出，我用濕潤的眼睛凝視著令人嚮往，而且頗感遺憾的遲來的饅頭。（《在現代中活下來》）

圖2　行腳打扮的義堂禪師。昭和12年京都

於是，義堂禪師就在京都臨濟宗天龍寺派總本山——天龍寺的天龍僧堂掛單了。所謂掛單，就是為修行而進住僧堂的意思。奧大節老和尚也有過在天龍寺修行十五年的經驗，當時天龍寺管長關精拙老和尚也是奧大節老和尚的前輩。另外，義堂禪師給達摩加耳環的畫，不是別人，正是關精拙老和尚所繪的達摩祖師像。而且義堂這個名字也是自關精拙老和尚往前追溯四代的天龍寺大和尚的名字。不得不說真是奇妙的因緣。

昭和十二年四月二日，義堂禪師在天龍寺僧堂掛單，以後天倫老和尚談到關於關精拙老和尚曾作如下的回憶：

> 如果還活著的話，我想他大概八十七歲左右。當時在京都有位著名的藝妓，我記得她的藝名大概是叫金助吧！有一次與精拙老和尚同行到那種地方，那位叫金助的藝妓不知想到什麼事，就在精拙老和尚的臉頰上親吻一下，當今的關牧翁老和尚(當時不是老和尚)在外面。但關牧翁老和尚在回程的車上，對此事非常不快。於是精拙老和尚就說：「我在那裡已經放下了(俗事)，你卻還抱著不放。」(《碧巖錄・臨濟錄講座》)

關牧翁老和尚回顧當時的關精拙老和尚與義堂禪師談到：

昭和十二年，精拙老和尚對我說：「因為你已完成禪修，今後長養聖胎比較好。」於是在某寺拔草、讀經。之後昭和十四年，老和尚對我說：「因為我老了，戰爭又激烈地進行著，社會上也忙忙碌碌。所以請你來當管長。」因此當七月十五日左右到天龍寺時，荒金天倫在那裡。然而，跟隨我修行期間，對我說：「我已不喜歡當和尚。」所以記憶中他就回到九州。（編輯部採訪）

中途下車

荒金天倫老和尚一定是弄壞身子，太過於嚴格修行的緣故吧！老和尚於昭和十六年秋，請假回家鄉若松，擔任母校田町小學代課教員。以後，天倫老和尚在談自己成長過程的廣播節目中，透露以下有關關牧翁老和尚的話：

提起關牧翁老和尚，是一位修行相當嚴格的人。可以說簡直和鬼一樣，即使是鬼，也想要逃離那種嚴苛。他說：「為了不讓人批評，現在得先好好磨練磨練。」（NHK「人生讀本——我行雲流水」）

以後，還俗的天倫老和尚受到這位關牧翁老和尚許多的照顧。

且說，當年十二月八日早上，日本向美英兩國宣戰，爆發太平洋戰爭。老和尚原本想去泰國或者緬甸，因為泰國、緬甸都是佛教國家，想把在天龍寺修行的經驗運用於當地。這樣想的老和尚，藉著老家在高岳山的檀家，而且父親也熟識的火野葦平氏(作家)的斡旋中請從軍，但結果擔任總軍指令部附屬陸軍報導部員，而前往新加坡，就這樣被配屬在報導部廣播班。

老和尚在這裡似乎也過著與生俱來不知命運的日子，每天撰寫播放到各國的謀略廣播腳本，還以為會被當作英雄。可是事實上局勢驟變，加上戒嚴的限制、似乎要切腹自殺等等，體驗毀譽褒貶、辛酸浮沉的生活。當時，在越南的河內與夫人美惠子邂逅。

戰後，老和尚被晚報《福日新聞》網羅，正當前往工作時，對萬壽寺奥大節老和尚說：

「請您讓我暫時中途下車。」我拜託說。

「什麼是中途下車？」

「是的，就是當新聞記者。」

「當那種記者的工作？不行！」

「儘管說不行，我已決定了，是暫時的。」

「暫時的啊！」

「是的，是暫時的。」

那暫時的中途下車，一下就是二十五年，好長的中途下車。（《在現代中活下來》）

即使在這個時候，可以看出奧大節老和尚仍然期待與天倫老和尚相逢的情形，同時天倫老和尚的心情，如果也表現出「中途下車」的話，不就是希望總有一天必須回到寺院嗎？老和尚內心深處似乎經常掛念著萬壽寺。

和老和尚在新聞記者期間相識的藤田慈晃師，為這件事作證說：

和老和尚相識是我到久留米梅林寺行腳的時候，還記得是老和尚擔任《福日新聞》記者的時代。

當時我正外出托鉢，就有一位穿著體面、紳士派頭的人向我搭訕說：「打擾一下！如果方便的話，讓我布施好嗎？」因為附近正好有一家西餐廳，所以就招待我到那裡。已經不記得談了哪些話，但當他一得知我住在梅林寺僧堂，好像使他既懷念又興奮地眉開眼笑起來。老和尚沒有說出自己的名字，只記得好像說：「我是萬壽寺的小和尚。」並告訴我一旦開始修行，就不能吃肉類了，所以最好先補充營養，於是就招待我吃牛排。後來又在一個偶然的機緣相遇，應該說是拜見到已身為方廣寺的管長，在閒聊中，我才得知當時招待我牛排的正是老和尚。

藤田師現在在濱松市擔任方廣寺派甘露寺的住持。

老和尚中途下車的人生，決不是半途而廢。他凡事都熱心投入，任何事情也都全力以赴。因此從晚報福日報社，到京都報社、福井廣播，不斷地更換工作，老和尚擔任記者期間，皆留下輝煌的業績。京都報社曾擔任社會部長，福井廣播甚至晉升到董事的職位。

老和尚似乎喝酒和交際都很擅長，經常出入高級料理店，挑剔飲食。數年後，老和尚進入方廣寺以來，據說方廣寺的素食料理變得可口多了。好像向廚房的典座打聽方廣寺後山生長的植物，並同時提供要如何處理才會美味可口的建議。配合材料的原味及人的個性，使其發揮特長。老和尚在家、出家期間同時具有的經營才幹，似乎連在這裡都能充分發揮，其實就是禪確切的精神所在吧！

話雖如此，新聞記者期間，老和尚也經常吃冷飯，似乎不怎麼好過。當時常常為其精神支柱的人，就是天龍寺的恩師關牧翁老和尚。天倫老和尚在自傳中這樣地記載著：

> 到了實在不能忍受的時候，就跑到關牧翁老和尚那裡。很慶幸老和尚對我說：「試著讓自己狠狠被踩、被揍，唯有忍人所不能忍，你才會愈來愈堅強。」這樣的話。

這中途下車人生期間辛酸勞苦的點點滴滴，豐富的實質融入在往後天倫老和尚所說的法語中吧！我想其豐富的經驗，之所以能讓每天艱苦地在競爭劇烈的社會中謀生的在家眾們的心靈深受感動，原因是老和尚所傳法開示的佛教，正流著與我們有共同經驗的血、淚和歡樂。

老和尚從晚報福日報社，轉到京都報社，其後從事流行歌曲、廣告宣傳歌曲的作詞、記錄文學等等的筆耕工作。之後，進一步擔任福井廣播的董事。同時也以筆名荒金，為水前寺清子、村田英雄、西鄉輝彥等多位歌星作詞。透過當時的活動，似乎建立了和政經界、演藝界、花柳界等人士間的人脈。

臨終一飲

那個時候奧大節老和尚病危的消息傳到天倫老和尚耳中，在此雖然長了一些，但引自其自傳《在現代中活下來》一書，請老和尚親口為我們說明吧！

每次去福井，就被稱為「某某董事」。在東京或京都，則稱為「老師」……（略）……每天過著愉快的生活，偶爾也喝點酒，打發時間。

這個冬季的一天，接到方廣寺打來的電話說：「大節老和尚病危，請速來。」——昭和四十五年一月二十二日晚上，我記得當時就像晴天霹靂一般……（略）一月二十三日，跑到方廣寺寮房一看，只剩下皮包骨的大節老和尚，戴著氧氣導管，不是像口罩那樣蓋在口上，而是把管子插入鼻中，再以貼布固定住。

（略）

看到那張消瘦的臉時，胸中一股難奈之情，不知不覺眼淚奪眶而出。光是後悔，實在是對這位老人家的不孝。老和尚仍然閉著眼睛，我必須說些寒暄的話。然而好不容易說出來，但是對一位垂死重病的人來說，簡直是愚蠢的話。

「老和尚！您好嗎？」

大節老和尚瞪大著眼睛，知道是我，就開始喃喃自語。我一把耳朵湊近，他就用奄奄一息微弱的聲音這樣說：「達摩的耳朵！達摩的耳朵！」

「什麼、什麼？達摩的耳朵？」

我把大約三十年前塗鴉的惡作劇完全遺忘了，經這一反問，於是他這次清楚地說：「是達摩的耳朵！」

那個聲音像霹靂般地刺入我的心臟，「啊！……」

我想他是位多麼執著，而且也非常純真的人。

對我來說，那句「倘若我當了老和尚，這將是精拙老和尚和這個義堂老和尚合作的墨跡」的話，當時純粹只是為了逃避受責罰，而編造的遁辭。沒想到這位「老人家」(大節老和尚)，打從那以後三十年，就一直堅信「義堂修行後一定會成為老和尚。」

（略）

自古以來老和尚級中，有許多像大節老和尚這樣純真無邪的人，關牧翁老和尚也是那樣。雖然如此，我早就遺忘了，可是他一直惦記著、盼望著三十年前所說的——。

「你啊！是用佛飯養大的。……把佛飯還給我！」

其凝視的眼光，完全不是垂死重病的人那樣。

「遵命……」

第二天二十四日，大節老和尚遷化(死亡)，像熟睡那樣清新的臉。

天倫老和尚回憶昭和六十年九月十六日，在富士電視臺「徹子工作坊」所說的話，但因為在那裡也談到沒有被寫在上述文章中的一些實情，聽聽看老和尚的聲音吧！

當時我穿著芥末色的法蘭絨西裝，結了一條寬廣的領帶。

大節老和尚說「達摩的耳朵」時，起初我還不清楚他說些什麼。於是對在旁的師弟說：「是不是管長年老糊塗了？」他說：「糊塗的人是你，萬壽寺還掛著那幅達摩的畫像。」我以為當時的辯解已經能應付，可是師父三十年間，仍然相信我，而且期待著。

自己所畫的，必須自己擦掉，釋尊所謂因緣、因果，就是那樣。

後來，辦妥老和尚的密葬(譯者註：密葬即只通知親屬的葬禮)，就在濱松的火葬場荼毗。因為我也沒有事先準備，所以仍穿著當初來時的服裝。就這樣，通知我說：「請你捧骨罈，搭乘先頭車。」簡直開玩笑。服裝雖然不適葬儀，但因為其中也沒有得意的弟子，因此我說：「六十名這麼多法相莊嚴的和尚去擠一部大巴士，反而像我這種俗眾，捧骨罈乘座先頭轎車，哪有這種道理？」

但是，對方不予理會地說：「這是遺言。」沒辦法，只好抱著骨罈乘坐先頭車。溫溫的，骨罈好像烤熟的地瓜一般，溫溫的。師父儘管到死去，還是對頑皮的我注入愛護之情，他的溫暖，透過我的手傳過來。如果不這樣的話，就不能說是認真吧！如此深厚的愛護之情，有這樣思慕弟子愛護之情的嗎？

抱著骨罈回到方廣寺的我，在靈前發誓，「這次絕不說謊，一定要做完(完成人事)，帶一張回來(獲得印可證明)。」

再度前往天龍寺

剛過五十歲的天倫老和尚，再度前往天龍寺僧堂，而且是再參於關牧翁老和尚座下，再參就是說再次入山門修行。這是昭和四十五年的事。

只有「我要當和尚噢！」的一句話告訴美惠子夫人，「啊！這樣子哦！」她也回答得那麼簡單，所謂的以心傳心，大概就是這樣吧！

過去所謂「雲水二十、師家四十」，就是說修行的雲水僧，二十歲左右較恰當；指導弟子的師家，則四十歲左右最適合。過了五十歲才重新修行的老和尚，這樣地談到其經驗：

> 與年輕的時候不同且難捱。冬夜一持續夜坐，膝蓋就抽痛，最後成了神經痛。
>
> 牧翁老和尚，平常是位慈祥的長者，但是一旦參禪就變得可怕。我從昭和十四年向老和尚學參禪，但與之前所學隨和的精拙老和尚不同，而是像鬼一般的禪房(參禪的狀況)。
>
> 隨著法身、機關、言詮、難透難解、五位、十重禁戒、末後的牢關，向上而進

行，越來越嚴格。

不知有多少次幾乎打算放棄，但是，這次絕不中途下車，是與已故老和尚的承諾。怠惰心生起的時候，就想起老人家「達摩的耳朵」的話，來鞭策自己。

（《在現代中活下來》）

關牧翁老和尚回想當時的情形，如下那樣地說：

那傢伙一會兒在京都新聞社工作，一會兒在福井廣播擔任勤務之後，有一天突然來訪，說：「還是要當和尚，現在起再次重新修行。」

「這樣子啊！」

這樣說就不詳問了，禪宗就是那樣，看到現在活生生的當下就好了。也可以不問什麼樣的經歷，來做什麼？

一看到他修行的基礎，就知道是出自前輩(關精拙老和尚)的教導。於是說，如果可能的話，往後我來照顧吧！由於即使不問也要知道修行的內容，所以補充一些不足的地方比較好，以後才不費事。

圖3　關牧翁老和尚（左）與生前的荒金天倫老和尚

因為曾得度，所以邀請代議士石井光次郎等有名望的人物，舉行像再得度的儀式，這是他個人的願望。

所謂會說會做，是為了那個男士而有的詞彙呀！作漢詩需要某種天才哩！（編輯部採訪）

再剃度為僧十年後，天倫老和尚得到了印可證明，關牧翁老和尚這樣說：

我收了六個弟子，荒金是最後一位，有才能的都死了！荒金是如此，山田無文也是那樣。無文活到八十七歲，但是……，其餘的七十多歲，都很短命！

當時，天倫老和尚蒙賜室號為碧雲室，道號為天倫。是五十歲開始，長達十年間嚴格修行的結果。

度過二十五年的俗世生活，一定是老和尚為了作為禪僧，使美麗蓮花盛開的資糧。然而，凋謝之際這朵蓮花越發燦爛，更加誘人，以不可思議的光芒鼓舞著人們。

第三章

和尚是人生的啦啦隊

振興宗風

「老和尚，我已依約定把印可證明帶來了。」

這是荒金天倫老和尚，在昭和五十五年三月三十一日，依止天龍寺的大方丈完成再入門儀式，並且他跟隨關牧翁老和尚修行，已達到悟境，而獲得印可證明；同時把這印可證明供奉在方廣寺奧大節老和尚的墓前，面對著墳墓以感恩的心情所說的話。

眼看行將就木的奧大節老和尚對他大聲喝道：「達摩的耳朵！」而放下世俗的一切職務，到關牧翁老和尚的座下再參禪之後，經過十年的歲月，天倫老和尚已經是六十歲的人了。

當時站在奧大節老和尚墳墓前的心情，他的自傳《在現代中活下來》裡有如下的記載：

只聽到山頂的松風，真是寂冷、悲涼啊！假如在老和尚活著的時候，能得到印可證明的話，他老人家是多麼地高興啊！因為大節老和尚的眾弟子之中，把印可證明正式拿到手的，只有我一人。

啊！想起來，正因如此，還是嫌太遲了，真是令人懊悔不已呀！

十年前，抱著奧大節老和尚的骨鐔而心裡卻感到很溫馨，也被這溫馨所鼓舞著而邁向修道的旅程，進而老和尚談起有關對奧大節和尚的追思，從《南禪中學PTA誌》中摘選如下：

> 禪話裡所謂的四恩是指國恩、父母恩、師恩、眾生恩。其中老師之恩是超乎利害得失之外，實在是彌足珍貴。這對小孩子而言，若能懂的話當然很好，不過畢竟是不容易的。甚至連我自己，過了五十歲，在老師圓寂之後，好不容易才懂得感謝老師的恩情。

因此也可以這麼說，正由於想到師恩，而又有心報答師恩，天倫老和尚才得以展開新的人生旅程。

在這章裡，我想介紹天倫老和尚進入方廣寺之後，越發獻身於濟度眾生，接觸到各式各樣的人，因而擴大人際關係面的過程；以及在這同時，又以圓明閣建設為目標，並以這種心力和罹患癌症的肉體相互交戰的種種情形。

遠州(靜岡縣西部)引佐町奧山、方廣寺派中本山三生院——這是天倫老和尚所期望當住持的寺名。三生院和方廣寺同樣擁有六百年的歷史，開山的在德和尚是方廣寺開山無文元選禪師的高徒，也是曾經擔任方廣寺第四代住持的高僧。雖然如此，老和尚來到這裡的時候，實際上是稱為小庵才恰當的荒廢寺院。只有佛堂、方丈室及大寮(廚房)三間，簡直像工寮般的建築物，四周還圍繞著似乎有小蛇出沒的草叢哩！

老和尚把家人留在京都而單獨來到這所寺院，之所以這麼地期望進入三生院，是因這寺院最靠近足利紫山老和尚、奧大節老和尚的墳墓，想為二位老和尚「守墓」而奉獻餘生的強烈情懷。

昭和五十五年十一月二日，老和尚在三生院開始提倡禪宗裡最受重視的書《無門關》，《無門關》是宋代高僧無門慧開評釋四十八則古人公案的書，此書之目的是為了闡明禪的「無的境地」。這裡所謂的公案是禪師出問題供參禪者參究之用。開始提倡《無門關》的數日前，老和尚在《靜岡新聞》撰文強調禪僧乃至於一個普通人，為人處事應有的態度。記載如下：

現今社會不是推崇禪和尚，而是到處充斥著錢和尚。葬儀和法事原本只是僧侶的副業，而僧侶的本業應該是提高自己的修行和以禪宗所教示的人類愛來引導人們待人接物才對，竟然會出現重視金錢勝於眾生的社會現象，真是令人搖頭嘆息啊！

在遠州天倫老和尚公開發布振興宗風的宣言，真正是所謂的獅子吼。

隔年五十六年五月二日，從二十餘名聽眾開始的這個集會，因增加到五十名，其後不久，就把會場從三生院移往方廣寺的三笑閣舉行。八年後，在《靜岡新聞》教養講座的「週日隨緣說法」裡，舉行《無門關》的提倡時，到場的聽眾竟然高達二百多名，相當於初次的十倍左右。

像這樣地一面擴充說法的會場，另方面老和尚也時時心無旁騖的致力於自己的修行。在三生院的這座道場，老和尚於同年也就是五十六年四月著手整修。以下來看看《在現代中活下來》一書中的記載：

> 三生院是殘破不堪的建築物，所以我到京都銀行從存款中提領二千五百萬日圓左右，加以整修改建成適合居住的地方，把小蛇出沒的叢林清除掉，並請京都的園藝師來設計，而建造成「枯山水的庭院」。

具有京都風格的枯山水庭院，老和尚把它命名為「空心庭」。位在外表上長滿青苔的樹林之中，用白川砂寫上「心」字。老和尚說：「人類的痛苦全是心所造作的業，禪的效用就

是斷除執著心，希望達到無心的境界，來面對接受種種的事情，故取名為空心庭。」（《靜岡新聞》）

昭和五十七年十月二十四日，在大本山方廣寺，荒金天倫老和尚以同寺第四百九十一世住持的身分而開法堂，初次做開堂式的說法。此儀式自昭和二十四年秋，奧大節老和尚舉行以來，對方廣寺而言，已是間隔了三十三年的儀式。

開山的無文元選禪師是後醍醐天皇的兒子。天倫老和尚完成身披繼承這位禪師鑲菊紋的「傳法衣」、祝禱天皇陛下長壽的「祝香」及恭敬地完成了表明繼承正師法脈的「嗣法香」後，並舉行說法。又在最後，授予老和尚印可證明的關牧翁天龍寺管長，在數百位參加者的面前證明天倫老和尚的法格。

隔年昭和五十八年十二月，臨濟宗方廣寺派大本山方廣寺第八代管長藤森弘禪師以生病為由，辭去管長職。昭和五十九年二月二十一日，宗議會全場一致決定推薦荒金天倫老和尚為第九代管長。老和尚曾一度婉辭，到隔年二月二十八日才答應。

就算是舉行了開堂式，成為方廣寺的管長，仍一本初衷堅持往來街頭巷尾，廣弘佛法的天倫老和尚，他的態度，一點也沒改變。

老和尚希望能「回歸開山宗旨，並且提昇宗風。」這是同年四月三日，舉行入寺儀式時所說的話。又對《中日新聞》記者的採訪，也做如下的回答：

> 我是人生的啦啦隊長，當各位有煩惱或痛苦時，我一定會給各位「加油吧！加油吧！堅持到底……」的支援、打氣。

於是跟隨大家一起生活的老和尚的形象，越來越放光彩了。

因不斷地舉辦縣民文化演講會，濱松SBS學苑「生活和禪話」的講座，方廣寺夏季講座的《碧巖錄》說法，奧山老人家庭的喬遷新居，及方廣寺大門修改等各種活動，他的活力的確用有如拔山般加以形容，才合乎老和尚的活躍情形。大門是由中村建設株式會社捐款，關於此，有如下的一段小插曲：

中村建設的前任社長中村一雄氏(現任社長)和老和尚相遇是在他就任管長以前，老和尚被濱松地區的主要企業家所組成的其心會聘請為講師時。當老和尚演講完畢後，大家一起聚餐。當時碰巧坐在老和尚對面的中村社長，突然摘下假牙，慢條斯理地在面前的洗手碗裡開始洗假牙。

這時老和尚注意到飯後食物的殘渣沾在假牙上，是否有在飯後保持假牙清潔的好方法呢？但是如果在眾人面前摘下假牙也會引起不少的反感吧！然而中村社長做得光明正大且若無其事，實在是以高明的手法洗淨假牙。對了！我怎麼沒想到呢？自己也摘下假牙模仿中村社長以洗手碗清洗，而且對中村社長一副若無其事的洗假牙氣概，真是佩服得五體投地。

從此以後，老和尚和中村社長彼此間見面的機會愈來愈多。雖然社長自己是屬於不同宗派的檀家，不過由於這樣地因緣更加親近方廣寺了。甚至後來，也和該寺大門的整修捐款牽上關係。

昭和五十九年十一月，老和尚就任管長，舉行晉山典禮時，中村社長打電報祝賀：「恭賀就職，恭喜！恭喜！……。今後責任重大。」

據說老和尚對其中「責任重大」的用詞，頗為喜歡。因「恭喜」的祝賀語，不管誰也都會這麼說，不過會使用「責任重大」的措辭，若非很了解自己的人是無法說出的，據說當時就公開向周遭的人士，表示他內心的喜悅。

後來，中村社長叫他的兒子中村信吾氏(現任社長)前往祝賀。信吾氏就請問老和尚送什麼禮才好呢？這時候，老和尚毫不猶豫回答說：「送個大門吧！」

方廣寺的大門，自明治十九年舉行上樑儀式以來，已經是邁入第九十八個年頭了，將近一世紀的歲月，整個門產生扭曲，假如有地震的話，很可能就會倒塌下來，重新改建的計劃，已拖延甚久。

現任中村建設社長中村信吾氏描述當時的情形說：

> 我突然被要求這種事，當場無法回答，甚感為難，於是說：「我先回去和社長商量看看。」因此和現任的社長商量而獲得應允，才決定捐款事宜，此時連管

圖1　捐贈大門的中村一雄氏

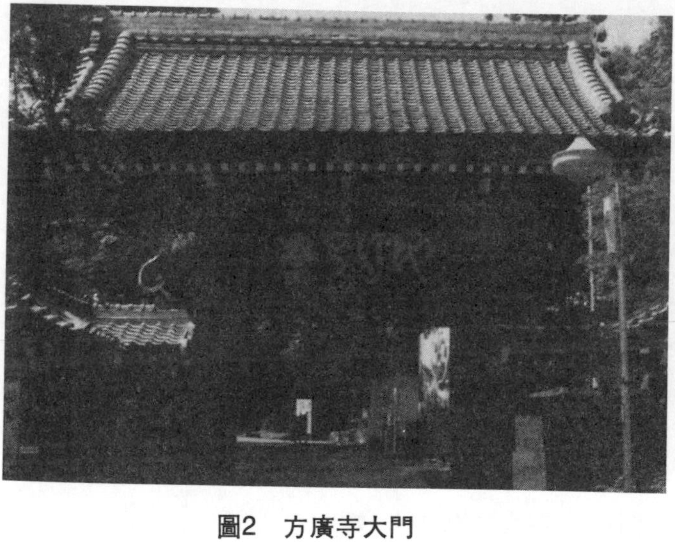

圖2 方廣寺大門

長自己也好像半信半疑，不太敢相信。

新的大門高約十一公尺，寬約十公尺。位在參拜道路正面，而道路兩旁排列有土產店。新的杉材和以前一樣塗上黑色的塗料，比以前更出色。掛著第七代管長的墨寶「地自有靈」的匾額為首，及老和尚所寫「碧巖錄提唱」的牌子等。開工於昭和五十九年五月八日，完成為同年八月十日。落成典禮時，老和尚仰望大門說：「心中要以大門為登龍門呢？或為恥辱之門呢？這完全要看僧侶們自己的努力，希望和信眾們同心協力擔任宗風的興起。」

前面曾提到，在三生院時老和尚開始提倡《無門關》，這次集會之後逐漸發展成「鐵操會」。會員之中有靜岡大學名譽教授田中順太郎氏、中村組的後藤久男氏及北遠農村事務所的三輪晴之氏。

另一方面，以中村建設的中村信吾社長為首，包括第一建材社長佐佐木雄三氏，老和尚的兒子荒金義博氏等四十七名，成立碧雲會而開始活動。這是以老和尚為中心，想要提昇與會「人品」的運動，正如火如荼地擴展開來。隔了不久，方廣寺奉贊會誕生了。以振興禪文化和培育青少年為宗旨，熱烈地展開活動。這是昭和六十年六月的事情。

隔年昭和六十一年十月四日，天倫老和尚在縣西部濱松醫療中心，面對著室久敏三郎醫師，這一天對老和尚來說，成為決定命運的重要關鍵。正如第一章談過的，這時室久醫師告知老和尚得癌症。於是從這天起，包括多次住院在內，老和尚治療癌症的日子開始了，十月七日入院，九日再度做電腦斷層掃描的檢查。

十月十三日進行血管照相，根據X光線看肝臟的情形，而注入抗癌藥劑。進而十月十九日，在第一章裡也談到這是根據室久、矢野、小林、竹平醫師治療方針的會診而做治療。

裕次郎之死

隔年昭和六十二年七月十八日，好漢石原裕次郎也和老和尚同樣地罹患肝癌而去世。石原氏把老和尚尊為「心靈之師」。然而介紹老和尚和石原氏認識的是石原行銷株式會社的常務董事小林正彥氏。有一天，小林董事一到京都常光顧的「川太郎」店時，老闆娘就說：「來了一位很風趣的男子。」而把他介紹給老和尚認識。「川太郎」是京都新聞時期，老和尚和火野葦平氏經常住宿的店，因此老和尚、火野氏及老闆娘之間的關係，有如肝膽相照的好朋友一般。

不久之後，小林董事和老和尚很快地變成好朋友，於是他常常受老和尚的種種教示，以及到方廣寺的奧山拍攝外景，彼此間交情日益密切。

自從知道石原氏罹患癌症之後，小林董事煩惱著是否該把癌症的真相告知他本人，於是有好幾次很坦然地把自己的困擾向老和尚請教、商量。

在石原行銷公司的幹部之間，彼此商量的結果是「不讓他本人知道」。不過石原裕次郎，這位男子漢也許和天倫老和尚一樣，都必須認識自己的癌症之後，才能夠努力完成生命的那種人……。小林董事依然深感苦惱地迷惑著。因此到老和尚的跟前請教，小林董事敘述如下：

「你可以一直不說，保密到底，那就行啦！」老和尚說。

「你這樣也算是回答嗎？」我不滿地說。

「也不是這麼說，不告訴他真相，才是正確地做法呀！」說完之後，老和尚就畫了一張達摩的畫給我。並且說：「就像這樣。」

我想他的用意是要我學習達摩(不倒翁)(日本人習慣將達摩和不倒翁畫成同樣的畫像)百折不回，能堅持貫徹自己想法的精神喔！於是說：「我懂了。」

從那時候起，裕次郎先生的病情逐漸惡化，裕先生對我說：「小正(小林正彥董事的簡稱)，假如我得癌症的話，請務必要告訴我唷！」當他說出這句話，已自覺症狀顯現了。

然而，我已事先和老和尚商量過，內心已經備妥標準答案，就對他說：「別說傻話，沒那回事！」儘管如此，心裡難免還很迷惑。所以還是到老和尚那裡去請教吧！

於是老和尚提筆寫信給裕先生，並把這封信和愛用的菊花樣的掛絡(譯者註：這是日本禪僧所用的簡式袈裟)、經典、龍飛鳳舞般的漢詩、念珠交給我，一起送給正在夏威夷療養的裕先生，並且要我轉告：「老和尚要你振作起來」的話語，

這時候老和尚本人罹患癌症，自己也很清楚的唷！

在那封信裡寫著：「裕次郎先生，我是罹患癌症者，而你正在和非癌症的病魔戰鬥著，生病的人心情容易消沉，因此，你千萬不能服輸喔！你要戰鬥到底喔！」

我記得他的勉勵信內容大致是這樣。

當我把信送到夏威夷的裕次郎先生處，他晚上睡覺時，必定很珍惜地把它放在枕頭下就寢才入睡。

他拜讀老和尚的信之後說：「荒金先生也病得很嚴重啊！可是依然能幫助他人，

真是了不起！請轉達荒金先生，裕次郎也感到很歡喜。」其後不久，蒔子夫人（石原裕次郎的妻子）和我一起到天倫老和尚座下去禮謝。

然而小林董事處在兩位罹患末期癌症者之間，一位是自己公司的老闆，也就是還不能讓別人告訴他，自己罹患癌症的石原裕次郎氏。另一位是已知自己罹患癌症，並且想要和癌症一起生活到最後一口氣的荒金天倫老和尚，小林氏親眼目睹著他們兩位的最後生活情景。有關石原裕次郎氏走完人生的最後那一段旅程，聽聽看小林氏的說法：

我至今還是很迷惑啊！不過，沒告訴裕次郎先生罹患癌症，這樣做是不是對呢？我至今仍不知自己到底做得對不對！其實石原自己會不會已經知道呢？實在不曉得啊！

假如憑我一己之見告訴他罹患癌症的話，我想裕先生也許會過著不同的生活方式吧！真是苦惱啊！告訴或不告訴他，這是永遠殘留的課題。有的人認為告訴他比較好，也有的人認為不告訴他比較好。而裕次郎先生卻毫不知情呀！

圖3　說話率直的小林正彥氏

於是我們進一步向小林董事請教：「假如告訴裕次郎先生罹患癌症的話，會怎樣呢？」

「裕次郎先生自己原本就是一生很努力活過來的人，我想他會與周遭的人，勇敢地討論，自己的人生中還有那些事該做而未做的。正如同荒金先生一樣，會坦然交代自己死後，你們要如何處理的一個人吧！可是後來請教了荒金先生，他指示不必告知，隱瞞比較好，堅持不說的話，結果就會至死也不知自己罹患癌症吧！」

其次我們再請教：「那麼你覺得隱瞞真相的好處，在那裡呢？」

「反正我想即使告訴他，他這個人也不至於瘋狂失措，因為他一向是勇往直前的人，雖然按照老和尚所說而隱瞞真相，可是在我內心深處都這樣想，其實所隱瞞的只是我們對他的關懷，另外在工作方面，如果公開宣布癌症的話，或許有很多原先預定的計劃都要被迫拖延下去！」

昭和六十二年八月二十五日，天倫老和尚在方廣寺為石原裕次郎氏舉行施餓鬼法及供養三寶，當然小林董事也在參加的行列。天倫老和尚說明石原氏的事蹟如下：

「方廣寺開始提出圓明閣的興建計劃時，他一馬當先地努力協助，到深山幽谷拍攝戲劇的外景，並且做宣傳短片給全國人看。對待部屬也給予種種的照顧和十足的關懷，真是個好男兒。」

石原裕次郎死亡二個月後，也就是昭和六十二年九月，老和尚自己拼命地努力為圓明閣建設而募款，於是圓明會成立了。

昭和五十五年，在所謂荒廢寺的三生院裡，開始提倡《無門關》，到了七年之後，被老和尚點燃的續命法燈所照耀到的，不僅是靜岡縣，而且是從全國聚集到方廣寺的無數人……。

生老病死

那段期間，天倫老和尚的病情惡化，因此在昭和六十一年十一月一日，醫生和老和尚進行商量，到底採取動手術好呢？還是截斷癌細胞糧道，使之壞死的肝動脈栓塞術的治療方法好呢？老和尚選取後者，對必須把三年當作三十年生活的他來說，動手術太過於冒險。

肝動脈栓塞術非常有效，從最初直徑十・五公分的癌細胞，到了十二月縮為七公分。十二月十三日，老和尚辦理出院，其後很久一段時間，採往來醫院接受免疫療法和漢藥方的治療。

隔年昭和六十二年二月四日，第二次入院想接受肝動脈栓塞術的治療，不過肝機能惡化而作罷，只做血管照相，且在二月十四日出院，這段住院期間，高松宮殿下逝世。

其後，又常常往返醫院，五月十七日，第三次入院做血管照相及注射抗癌劑，二十三日出院。七月十八日，如前所述的石原裕次郎氏去世。

隔年六十三年一月二十八日，第四次入院，這段期間老和尚藉著電視和收音機，好幾次談到自己必須努力生活的情形。就這樣地，受老和尚所感動、鼓勵，而振作精神的人也很多。剛播放完，就從全國各地送來慰問的電話、信函、日用品等到老和尚的處所。其中，有的介紹有名的醫院和醫師的信函、電話，也有的是對癌症有效的靈水和護身符。但是老和尚不管多感動安慰，也從不使用，因為他完全信賴主治大夫——室久醫師，而把生命完全託付給他，只接受現代醫學的治療。

根據第四次入院檢查的結果，情況不太樂觀，然而老和尚每接受檢查之後，一定請主治醫師作詳細地說明，以便隨時都全盤了解，期望了解一切之後能對醫師產生完全信賴的治療。室久醫師邊看X光片，邊對老和尚說明檢查的結果：

「主病灶縮小一公分左右，小點轉移到肝臟內的有六處。」

「好個淘氣的小姑娘(小點)呀！」

老和尚雖然眼睜睜地看著殘酷的事實，卻幽默地說這句話而呵呵一笑。

二月八日出院，其後眼看著體重逐漸減輕下去，不過老和尚從這年的四月開始，舉辦每月一次的《靜岡新聞》教養講座「週日隨緣說法」，全力以赴地推廣教化、救濟的活動。

這期間，老和尚忙著制訂課程表，且每週一次(星期二)往返醫療中心接受治療。

有一天，室久醫師一回到家，就發現大門口有人送來長滿了圓潤厚實香菇的二株櫟樹的原木。原來這一天剛好是室久醫師每週一次的門診，掛號的有七、八十位，所以忙得連吃午餐的時間也沒有。老和尚那天也是以門診病人接受治療，不過在醫院裡，一眼就看出室久大夫的疲憊態，於是門診後，他急忙地和弟子一起親手送香菇到醫生家。並留言說：

「醫生健康不佳，對病患是很不利的，請吃這種香菇，多多補充體力。」

室久醫師指著櫟樹的原木對採訪的人說：身為主治醫師的我，反而受到管長的鼓勵、打氣，像這樣的事還不只一次呢！

昭和六十三年九月三日，老和尚在濱松醫科大學做第十次公開講座，這次講座是接在「生和死」的講座結束之後，講題是「生老病死」，演講完畢後，癌症又惡化，老和尚逼不得已，只得第五次入院。

演講會充滿輕鬆愉快的氣氛，鼓舞著包括不能進入會場的三百五十名聽眾，並時時引起爆笑聲，老和尚的聲音無論如何也難以想成是入院前的癌症患者所發出的聲音，而洋溢著雄赳赳、氣昂昂的聲勢，強而有力地打動聽眾們的心弦。老和尚說：

> 佛道真正的目的是什麼呢？和尚本來的工作是傳授人如何心理踏實、光明磊落、堂堂正正地生活在這世界中，這是佛道本來的目的。因此我對做葬儀非常討厭，寺院的和尚，本來就不是葬儀的工具。在釋迦牟尼時代，沒有聽說過釋迦牟尼佛辦過葬儀的說法，一向都是以活著的眾生做為傳授佛法的對象，是人生的救援、幫助、解脫者，這才是佛道。

以活生生的人為教導對象——這句話不正是最能貼切、忠實地表現出天倫老和尚實踐佛教的真義嗎？對於老和尚的話再多加注意聽聽看：

> 今天的講題是「生老病死」，稱為「四苦」，這是佛道的根源。

生——人在出生時，我想媽媽是很痛苦的，不過，從母體出生的嬰兒也非常痛苦難受吧！還有生下來之後到死亡之前，這段活著的期間，依各人觀點不同，也是一種痛苦吧！總之，人生是背負著痛苦而來的。

老——上了年紀，年老也是痛苦之一。

病——生病時的痛苦。

死——死亡的痛苦。

所謂四苦八苦，生老病死的四種痛苦，稱為四苦。接著說八苦如下：

愛別離苦——必須和自己所愛的人離別的痛苦，生別的話還能忍受，死別是最大的不幸。現實社會中卻正好相反，以下一句為例。

怨憎會苦——雖然很討厭和那傢伙碰面，卻很奇妙地非和他會面不可。這就是痛苦。假如沒那傢伙存在的話，公司裡就會過得很快樂，可是偏偏那傢伙是自己直屬的課長，眼神一直盯視著我呢！

求不得苦——不管怎麼努力，也無法獲得成功的痛苦。

五陰盛苦——簡單地說：因為精力過盛，而產生的痛苦，精力過盛，各種煩惱妄想就會生起。

加上這四種苦稱為「四苦八苦」，不過四苦正是痛苦的根源。釋尊設法想要超越這四種苦而出王城，並獲得開悟。這就是自己內心的頻道要自己調整，假如能成功做到這點，四苦早就消失得無影無蹤。

調整內心的頻道——老和尚經常在各種場合使用這句話。這大概是老和尚超越癌症的恐怖和其他種種煩惱的關鍵吧！就算身體敗壞，但心的本體卻是不滅的，因此老和尚極力主張生命有限，要善盡自己的本分。

人並非要達到什麼目的，不過做什麼才好呢？做什麼才好，卻是大事……。一般人誤解工作只是為了賺錢，這就犯了過錯。其實工作是生活的見證，且很巧妙地會感到喜悅。自己也會感受到全家人都籠罩在喜悅的氣氛中，彼此感謝而生活著，這就是大事。所以生活的目的就是這個樣子。

今天在場的好伯叔們，當你們回到家中時，或晚上睡覺前，請握著太太的手說：「老婆，今天很感謝妳。」太太也握著丈夫的手說：「老公，今天也很感謝您。」年輕太太們，如果先生從公司回到家，打開門時就說：「您回來了，真是日本

第一好丈夫呀！」（會場爆笑）

老和尚自己每晚上床時，就握著美惠子夫人的手說：「今天也謝謝您呀！」因為明天早上，自己不知道是否還活著呢？所以就在當天裡，趕快表達感謝的心情。

老和尚經常強調應該以家庭為重，並期望孩子們能長得健康活潑、意志堅強。他發悲願要建造圓明閣的初衷，就是想成為孩子們「心靈的道場」。所以他的心裡老惦念著圓明閣的事情。

奔跑的羅漢

「在方廣寺庭院內樹底下的石頭上，塑造著各式各樣形狀的五百位羅漢，不過奔跑的羅漢一個也沒有，那就讓我來當吧！」老和尚曾對周遭的人這樣說過。

如前所述，《靜岡新聞》教養講座「週日隨緣說法」是從昭和六十三年四月到隔年的三月十二日為止。每月一次，在濱松市內的廣場塔樓舉行。講的是《無門關》，而且抱病登場。老和尚真是個名副其實、馬不停蹄的「奔跑的羅漢」。

圖4　淺顯易懂地講解「禪的心」的「週日隨緣說法」裡，聚集從縣內外來的很多人（濱松市廣場塔樓／照片·《靜岡新聞》）

「週日隨緣說法」的最後一次是講《無門關》第十一「卅勘庵主」。先唱誦例行的「坐禪和讚」後，老和尚一本以往以安詳的聲調開始演講：「趙州禪師，到一位庵主的住處詢問……」

這樣地演講和日常相關之事結合在一起，又加上天倫老和尚以一流的口才說明之後，《無門關》的提倡，能夠順利地推展下去。聽眾們超過二百名，但是誰也沒察覺到，不管發問任何問題，都立刻以宏亮聲音給予回答的老和尚，竟是離死期不到一年的人。

剛演講完，靜岡新聞社西部總局長古橋伸元就登臺對老和尚說謝辭。原來這次「週日隨緣說法」是由古橋氏所企劃。

如前所述，昭和六十一年十一月，當古橋氏的父親逝世時，天倫老和尚將原本安排在上午，比動手術還痛苦的動脈栓塞治療改到下午進行，這天上午親自主持古橋氏父親的葬禮。

古橋氏為了感謝這件事，一直懷有想幫忙老和尚的心意。因此希望能宣揚老和尚所堅持奉行的生活化的禪法，讓越多人聽到越好。

由於這樁心願，產生了這個企劃，在企劃之初，曾遭受到舉辦這樣地講座，根本聚集不到五十名聽眾的嘲笑眼神；但是講座完全地成功了，靜岡新聞社也因辦得很成功，並將所得的捐款作為老和尚悲願所在的圓明閣建設的資金。

古橋總局長的謝辭如下：

我想這次的講座使我們感受、學習到種種的道理及很多實踐的方法。雖然大家過去也都很努力，但是請看看去年四月的猊下(老和尚)，生活在非常殘酷的病魔之中，還教導我們應該好好活下去的生活態度，是那樣地用心良苦，我始終相信人類畢竟要靠歲月累積經驗，才能逐漸完成既高尚又美好的生活。而我們也算是非常有福報，能這麼幸運地一起學習、一起思考老和尚他登往人生歷程最圓熟的境地，以及活在這個世界上救助眾生的情形。我想這是和一起聽講座者所共同擁有的喜悅，永遠地會在我的心目中遺留下來最美好的一刻，也是最珍貴的一次聚會。老和尚為了完成全部的講座，這期間他歷盡多少痛苦煎熬而苦撐下去，絕非我們用時間和金錢所能報答的，我們唯有懷著很感激的心情在內心咀嚼體會他的教導了。

懇請各位能將這些作為自己或家人今後生活下去的精神食糧，更加發揚光大，使之增加幾倍或幾十倍，將自己的心得告訴其他更多的人而加以實踐。同時我也似乎學到了，過去一般認為和我們離得非常遙遠的禪或是佛教，其實就是每天使自己把握當下，很珍惜而努力地活著，這就接近禪或佛教了。

在全部十二次演講中，一次也沒缺席的共有九十六位聽眾，其中有一位是未來建築研究所的社長小野田守隆氏。小野田氏每次為了聽老和尚的開示，早上五點起床，而從老遠的大阪趕過來。他在上《無門關》的課堂上，唯恐漏掉老和尚所說的每一句話似的，筆記抄得密密麻麻，因此他和老和尚的因緣很深，也是碧雲會創始會員之一。

小野田氏從昭和六十二年底開始思考自己「死」的問題，並對自己一生的經營乃至自己做為一個人的本質，甚至連自己為何要活在世間的生命意義，究竟有何價值而陷入苦思困境。

在這關鍵時刻，小野田氏有機緣，在昭和六十三年四月參加了方廣寺的坐禪研修會。

小野田氏回憶那時的情況說：

最初僅做些洗碗盤的工作，從早到晚幫忙來到研修中心的習禪者，洗滌食用的碗盤幾百個，心裡懊悔極了！自己本是為了想坐禪才來這裡的，但是自己到底在做什麼呢？回頭想一想，洗碗盤不正是可以習禪嗎？老和尚一定是想先幫我把剛強之氣、擺架子等不良習氣捨掉吧！好不容易被編組參加坐禪的一剎那，眼淚激動地撲簌簌地流出來了。種種的煩惱及自己的驕傲不斷地映入眼簾，從早到晚哭個不停。

小野田氏繼續在六月、八月、十月以極大的毅力參加坐禪研修。他說連他自己都可意識到自己變化的情形如下：

例如：早上，松枝折斷，卡的一聲掉到屋頂上，這麼小的聲音都會驚嚇而跳起二寸左右。而且連早晨小鳥的啼聲都聽得到，甚至聽覺精密到這個小時和前一

圖5　想起和老和尚談論的小野田守隆氏

個小時小鳥發出不同的叫聲都能分辨清楚。到了傍晚時候，小鳥的叫聲哀悽可憐，又有很大的差別。這些過去從不曾注意到的事，都能很冷靜地以自己的耳朵感受到。這是因為在禪堂中能以一整天都在觀察的緣故。

接著臘八大接心——為慶祝釋尊夜睹明星而開悟的十二月八日之成道日，從十二月一日到八日之間舉行晝夜不分，連續不斷努力地坐禪。小野田氏從第二日的夜坐起，開始參加。

那時，氣溫降到零下五度左右，和雲水僧們一起坐在長板凳上，眼前能看到空氣中輕飄飄的浮動，原來是月姑娘的光芒呀……。多年來第一次看到星星……。腦海中瞬間浮現出小時候和母親一起去澡堂途中而數天上星星時的情景，不禁眼淚流出來了。接著當我把視線移到水平時，連空氣驟然一下子流過去，全都可以看見。實在很難相信的吧！又眼前有蘇鐵，從蘇鐵的葉子能很清楚地看到噴出氣狀的東西來，我想此時自己心中的執著完全不翼而飛了。

「這些情景，對老和尚說過了嗎？」

「對老和尚說嗎？實在很不好意思，說不出口，所以就沒說了，因為不知道說什麼好呢？就是這麼想。」小野田氏邊說邊笑著，而且繼續說：

現在，我為什麼這樣地生氣勃勃的活著呢？剛強之氣消失了；驕傲自大沒有了；拘泥執著不見了；主觀成見也不知去向了。終於整個肩膀能夠放輕鬆下來，一切重擔都消失了，這些都是坐禪時所得到的成果。又因所有的色相都沒有了……，所以當然能一切都看成空，而且學習到有一股很美的感動。老和尚就是呈現最佳的示範而教導我們的吧！

方廣寺的臘八大接心，是天倫老和尚擔任管長之後，馬上恢復舉辦的活動。另外在濱松醫科大學舉行「生老病死」演講的一週之後，也就是昭和六十三年九月十日，老和尚第五次入院，這時做動脈栓塞治療，根據超音波掃描的檢查，癌細胞已大量的轉移，手腳有發抖的現象，依神經內科醫師的診斷是腦梗塞的後遺症。九月二十一日出院，在同年的十二月四日，僅僅三個月的時間，就第六次入院，其後便展開一連串的「週日隨緣說法」，並同時繼續往來醫院治療，但手的顫抖愈加劇烈，體重也明顯地逐漸銳減。

第四章

圓明閣

建設圓明閣的夢

住宿兼研修道場的圓明閣——地下一樓是鋼筋水泥做成，地面的二層樓以木材建築，屋頂是四面斜坡式，用日本瓦蓋成，總面積約一千七百五十平方公尺，可容納二百五十人，地下室有現代化的廚房和齋堂，一、二樓作為研修道場，是由一百一十個榻榻米的大廳和寮房(房間)所組成。總工程費大約七億日圓。

荒金天倫老和尚希望以這棟建築物做為青少年涵養心靈的場所，並培育國家未來主人翁的孩子們的一個開端。因此，這個願望成為老和尚的大夢想而茁壯成長著，雖然癌細胞正在一點一滴毫不留情地侵襲著他；但相反地，他的夢想引起各界人士的共鳴、援助，而產生一股洪流，慢慢地開始活動起來。

老和尚擔任管長一年之後，在昭和六十年五月十七日，《靜岡新聞》等刊載圓明閣建設的計劃。並接受《靜岡新聞》的採訪，回答如下：

這是方廣寺有史以來的大工程，勸募建設資金等等讓大家做得很辛苦，不過為

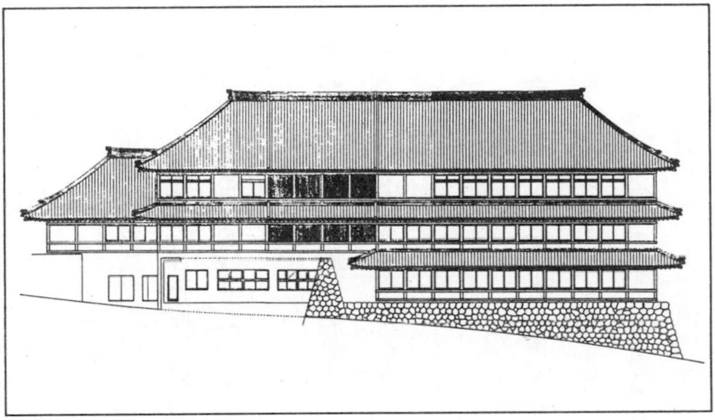

圖1　圓明閣完成後、向南面立的藍圖（提供・中村建設株式會社）

> 了振興禪風，於是下大決心改建老朽化的諸堂。

這個計劃的進行是因明治十六年方廣寺重建以後至今，已經腐朽不堪了，所以拆除現在完全無法使用的參籠堂(譯者註：寺院中的齋戒禮佛堂)，並在原址興建圓明閣。圓明閣的名稱起源於開山的無文元選禪師，他受到昭和天皇所惠贈的謚號「圓明大師」，天倫老和尚根據此因緣取名。

昭和六十一年十月七日，老和尚被診斷出罹患肝癌，但是老和尚對建設圓明閣的決心和投注於青少年培育的信念，一點兒也沒改變。他在留給我們的最後的錄音帶裡，對培育青少年的重要性，說明如下：

> 日本完成戰後的經濟復興，已成為世界上少數富有的國家之一，但是總覺得大家是不是已經有點忘失本心？社會上有些憂心之士高喊著「教育荒廢」。從一般家庭教育來看，即完全忽略了人心的培育工作。就算是在學校裡，只有智育、體育而無德育，我們必須培養孩子們的心靈，使他們能做個堂堂正正的人，培育肩負日本前途的國家未來主人翁，這才是重要的工作，而寺院本來的工作就

是在作育人心。

老和尚的這個願望裡，其實隱含著受到「達摩的耳朵！」的一喝而促使他再度出家，想報答奧大節老和尚的師恩之意。

昭和六十二年三月二十八日，在第三次住院之前，老和尚在廣播電臺FM靜岡的「揮別學校的日子」之節目中，說明如下：

> 小孩子時代，我因不聽管教，簡直是個無可救藥的搗蛋鬼，卻承蒙大節老和尚不棄而加以指導。今天能夠稍有成就，其實都歸功於受大節老和尚不吝責備及用愛心加以指導的成果，我必須將這分成果報答師父，並把它流傳下去，發願一定要拯救那些成績落後及誤入歧途的少年，一個也不放棄。

這個節目是針對那些到了四月即將畢業，迎向新的世界，展開人生新旅程的年輕人。老和尚在廣播中，對年輕人鼓勵、打氣著說：

人生一定存有轉機，千萬別因為落榜了，就灰心喪志，認為自己這一生完蛋了。只不過一次、二次的失敗而茫然失措、誤入歧途是不對的，請以失敗為踏腳石重新再出發。最重要的是心的修持，千萬別向失敗屈服，反而應該認為是值得欣慰的樂事，且它有助於豐富你的人生。因為迷惑本身，原來就是什麼都不存在的，只是自己的一種錯覺，以為真的存在而已。因這種錯覺而自殺，或因為遭到挫折而自暴自棄，這些都是毫無意義的。自己要選擇什麼樣的路來走，完全看自己，請抱著希望，決定你的目標，努力吧！人生是一場沒有終點的馬拉松比賽，須一直努力到死，即使快死了也要努力。過著暗淡的日子是一天，過著快樂的日子也是一天，若要每天過著快樂的生活，就須靠自己的力量調整自己內心的頻道。

老和尚回顧自己一生所走過的歷程時，無法忘記那些曾經寬宥過粗暴的自己，以及培育自己的萬壽寺及寺裡師父們的恩惠。此刻的他一定是想要把此恩回饋給現在自己國家的年輕人們。而且這種想法後來就具體地和圓明閣的建設緊密地結合在一起，老和尚在最後的錄音帶裡，所說如下：

寺裡的和尚不是葬儀的工具，而是培育活人的心靈，這才是佛教的真正目的。因此，這也是我每天向著這個目標而拼命努力的理由，甚至把自己的生死置之度外。經常聽到別人讚美我說：「管長雖罹患癌症，卻還能這麼平靜、鎮定。」這類的話，豈止是心情平靜而已！簡直應該說：勇氣百倍才對。這絕非說謊，也不是故弄玄虛，更不是不服輸。因為我的內心有個目標，當開山無文元選禪師圓寂第六百年的時候，研修道場完工了，這對我而言，簡直是至高無上的幸福。

日本雖然處於高齡化的社會，但也沒有人活到二百歲或五百歲，只要每天過著充實的生活，和活到百歲是一樣的。圓明閣的完成和我的壽命就像在競賽一樣，我的餘生，在生命之燈還沒熄滅之前，朝此目標努力衝刺。

方廣寺的後藤祐芳宗務總理說明圓明閣建設的意義如下：

> 這座建築物畢竟只是形式(硬體)而已，重要的是如何在這座建築物內來培育、磨練青少年心靈。以這樣的意義，圓明閣的建設其實是要創立一個「學習的場

所」和「修行的場所」。因為這樣的場所方能培育心靈，我想也唯有如此，才能發揮佛教真正的力量。

管長的願望就是在這裡，就方廣寺來說，對於管長所種植的樹木不能讓它枯萎，那麼管長所播的種子(指青少年)必須小心翼翼地培育使它成長。所以就連這些負責承建工程的公司，如果像外面做生意的方式，只考慮到賺錢的思考模式，也根本做不下去的。完全因為管長發揮他的精神感召，也逐漸使得這項艱難的工程能順利進行下去。而且是木造的，很氣派地喔！

據說：「管長的心意」已牢牢地深深地進入圓明閣現場建設的每個人的心裡，後藤宗務總理為我們說了這樣的話：

這些在現場監督者到底是懷著什麼樣心態的人呢？他們都是一些寧可將公司的利益置之度外，也要決心護持管長心意的好男子唷！

既然管長要求：「要培育心靈！」大家都回答道：「好！我們就來培育心靈吧！」連建材的品質要求，凡是有長節的都一律淘汰掉，現場每一件事、每一個人，大家都團結一心，一同朝向「建設心靈」的目標而前進。

圓明閣雖然最後決定採用木造建築而成，不過對此種種經過原委，讓我們聽聽看，在靜岡縣濱松土木事務所工作的門奈廣人氏說明如下：

本來像研修道場那樣的設施，是三層樓的建築，依法律規定必須是鋼筋防火的建築物，但是寺院假如不是木造，就感覺不出它的氣氛。木造最能讓人強烈地感受到大殿莊嚴肅穆的力量，一旦改用鋼筋水泥來做，實在是很不搭調，心裡總覺得不好受。

因此，和同修道友們徹夜絞盡腦汁，最後終於決定下層採用鋼筋並把它藏在地下充當地下室的方法，於是鬆了一口氣，定案下來，全部是三層樓的建築，從大殿外面遠眺看起來好像只有二層樓，下層是鋼筋，上層是木造。正好符合法律規定，而且又是木造的。如果連地下室算在內，應該說是三層樓才正確吧！當眾人將這構想在昭和六十一年三月舉行《六祖壇經》的講授時，向老和尚報告。當場老和尚就說：「啊！實在是太理想了！用木造的……。」非常地讚賞我們。

門奈氏是天倫老和尚《無門關》說法和《碧巖錄》說法等講座的熱心聽眾之一。他也說出如下的一段小插曲：

我為了祈求圓明閣能很莊嚴地完成，而雕刻一尊地藏菩薩，原本只是想若能奉獻一點個人微薄的力量就好了，於是將這尊菩薩像帶去給管長看。沒想到管長當場說：「就把地藏菩薩做為圓明閣的本尊吧！」聽了令人嚇一跳，通常要能獲得雕刻地藏菩薩的重大工作，就連專業雕刻佛像的師傅都認為是難得的機會，是一件無比光榮的工作。老和尚竟然採用我這個不是專門師傅，而是普通市井小民所雕刻的佛像作為本尊。

昭和六十三年九月五日，為門奈氏所雕刻的地藏菩薩舉行開光典禮，充滿感激的門奈氏及其家人也都列席參加，在法師們誦經聲中為地藏菩薩開光，佛像高十六寸五分，大約是五十公分左右，以天龍檜木所雕刻而成的。

這時，老和尚的癌症已經擴展到肝動脈等整個肝臟，引起輕度的腦梗塞，手腳有抽搐顫抖的現象。

圖2　圓明閣本尊地藏菩薩像

碧雲會

一心致力於建設圓明閣的天倫老和尚不顧病痛，白天除了演講和說法，又要抽空接受電視臺和報紙等媒體的採訪；晚上又要利用時間，給寄來捐款者寫書法或畫畫。寫書畫的工作，即使在醫院裡也為爭取時間而繼續做。

像老和尚這樣地努力，也就逐漸地感動人心，而贊同老和尚的想法且引起共鳴者如同漣漪般慢慢地擴展開來。這股巨大的影響力量，當初是如何發生的，就得追溯到昭和五十九年十一月十日所成立的碧雲會。

碧雲會的名稱取自老和尚的室號「碧雲」。當初該會成立並非以直接援助圓明閣建設為目的，但不久就變成支援老和尚，使其夢想實現的大力推動者。

碧雲會設立的中心人物之一的中村建設社長中村信吾氏，說明如下：

> 碧雲會並非為圓明閣建設而募款的會，當初是想向擁有種種社會經驗的老和尚請益，目的是為了磨練品格，教導我們佛教的「心」。這是由一群崇尚自由的

年輕人所組成的會。

會員中有企業家、議員、律師、醫師、教育者、記者等各式各樣職業的人，超越宗教、黨派而聚集在一起。以昭和十年到二十年出生的年輕人為中心，大約有五十名左右。每年有春、夏、秋、冬四次例會，在方廣寺的「三笑閣」舉行，每次大約一小時，有時聽老和尚開示；有時自由討論；沒有煩瑣的會則，純粹是仰慕老和尚的人所聚集的會。

老和尚的開示，不使用佛教裡的專門術語，經常引用實際社會的具體事例來說明，非常淺顯易懂。而對協助解決我們在日常工作中，所引起的種種煩惱非常有幫助，這些話至今我們都仍印象深刻。他說：「各位透過工作，不斷地鍛鍊自己；這其實和僧侶們的坐禪或修行是相同的。」

老和尚即使多麼地忙碌，也必定抽空出席例會，就算罹患癌症之後，一次也沒有缺席過。在昭和六十一年秋的定例會，老和尚淡淡地說出自己的病情，當我們聽到罹患癌症時，全都「唉呀！」的一聲，驚叫出來。外表看起來還很健康，不禁要問：「真的罹患癌症嗎？」他談到病情的進展狀況時，並且說：打算燃燒剩餘的人生而堅決地活著，把三年當作三十年來發揮最高效用而建設圓明閣。

圖3　跟隨老和尚學習的中村信吾氏

碧雲會的組織會員如下：代表幹事為第一建材社長的佐佐木雄三氏，副代表幹事為靜岡縣議會議員的森島宏光氏、西遠女子學園理事長的岡本肇氏、立石工業社長的立石隆一氏、日管常務的三輪容次郎氏、村松法律事務所長的村松良氏、本會議員的山下昌利氏，事務局長為中村信吾氏所擔任，而事務局則設在中村建設裡。

中村氏談到對老和尚的印象時，敘述如下：

總而言之，老和尚是個「優秀的經營者」。他常說：「管長是宗門的代表者，也可以說是宗教的代表，若以公司來比喻，也就是公司裡的董事長。例如在射擊時，手即使有一點點的顫抖，在十公尺、二十公尺的目標，就會有所偏離，而飛到意想不到的地方去，因此，身為董事長必須隨時考慮到自己的言行舉止，會對屬下造成極大的影響。」

我也是個經營者，對他所說的話頗有同感，然而光說說而已是很簡單的，真正要付諸實踐，實在非常困難。我們親眼目睹老和尚生活的積極態度，給我們做了示範，促使我們努力下去。

中村信吾氏是捐建「大門」的中村建設之中村一雄社長的兒子。老和尚平日就經常給我們開示「建設心靈」的重要，當他把圓明閣的設計、施工，完全委託中村建設時說：希望你能無論如何要以捐贈宏偉大門的這份心來為青少年的「建設心靈」而建造新的研修道場。

方廣寺奉贊會事務局員日管株式會社的土師健司氏透露在投標過程中，發生如下的一段情節：

某大財團的綜合建設會社曾經派人來關說：假使圓明閣的建設能交給他們公司承包，他們就會捐助大筆捐款。當場老和尚勃然大怒道：「有企圖的捐款，即使是一圓也不接受。」而取消他的投標資格。

方廣寺奉贊會

昭和六十一年六月，以碧雲會和前述的鐵操會為基礎，而成立了方廣寺奉贊會。以濱松為中心的靜岡西部為會址。

該會以支援圓明閣建設為目的，為了實現老和尚的夢想，強而有力的援軍就要誕生了。會長由日管株式會社社長三輪信一氏擔任。

三輪氏是一位以獨特的「公開透明化經營」而著名的企業家。當他過去在做勞資雙方調停的地方勞動委員時，三輪氏曾經親眼目睹職員過度超工時勞動，卻不發給相對滿意的薪水；或偽造業績而中飽私囊的中小企業經營者們；還看到利用各種賄賂方式和接待麻將等，來決定由誰得標的種種企業界的醜態。深感義憤的三輪氏，日後自己當老闆，立下公司的經營方針：比如從老闆的薪資、職員交際費的明細、顧客訂貨的數量，到預估的利潤等公開帳簿，讓想知道的員工，隨時可以來查看。公司內有塊很大的布告欄，公布著和顧客的交易額及預估的利潤。三輪氏受記者採訪而回答如下：

這是所謂「全體員工的經營，教養訓練的日管(公司名)」，是本公司的經營理念。這句話很容易造成外人誤解，以為本公司是連員工拿筷子的方式都要管教，訂一大堆員工規則的公司，事實並非如此。說起來，員工規則往往只會喪失職員

圖4 「公開透明化經營」的三輪信一氏

工作的鬥志而已！我所說的「教養訓練」，是想讓職員激起工作的幹勁，而工作時，互相營造喜悅氣氛的工作場所。管長很了解我所說的話……。

和管長初次見面是什麼時候呢？我雖然經常在公開場合做「獅子吼」，管長對此能完全歡喜接受。所謂「獅子吼」是在國際獅子會上，為鼓舞士氣，通常在聚會的最後，共同做獅子吼的習慣。還有我在舊制高校時代，當時的校長下村虎六郎，也就是著有《次郎物語》等書的著名小說家，筆名為下村湖人，曾以發出「老虎的一吼」而得意洋洋，跟老虎吼聲相媲美的不是獅子嗎？我也非常喜歡這種提高鬥志的激勵士氣手段而經常做獅子吼。管長聽到這些，可能是聯想到佛教的獅子吼，所以才喜歡的吧！在佛教裡，聽說把佛陀的說法叫做「獅子吼」，兩者有互通的地方，因此我們很投合。

由於「獅子吼」的會晤中，和老和尚心意投合的三輪氏，擔任奉贊會的會長，下定決心對圓明閣的建設全力以赴。三輪氏談到老和尚的事蹟如下：

正如一般人常說：「唯有能理解人世間疾苦的聲音才是佛陀的聲音。」活到五十歲，呼吸娑婆空氣的管長所說的話，只有身處同樣社會為同樣事情苦惱的人，才能夠聽得懂他在說什麼，因此他所講的每一句話，都在我內心引起極大的共鳴，而深受感動。

此外，管長厭惡曖昧、狡猾的人，生活在充滿污穢、偽善的娑婆世界，更加令人懷念類似管長這種毫不留情面且刺破對方缺點那樣嫉惡如仇性格的人。因此每次一遇到管長，我如沐浴春風般，絲毫不必拘束任何小節，心情非常輕鬆愉快。記得每次我和管長見面都是很快樂的，管長就好像是一個闖入偽善世界裡的面惡心善者。我好像已很久沒遇到這樣的禪僧的感覺。又有如在現今的社會裡，有些與眾不同的人，既不守禮法也不隨俗！好比用一般手段，難以規範的猴王。管長經常說：「和尚沒必要戒酒，比戒酒更重要的是脫離卑俗。」我也頗有同感呀！比起絕不犯過錯的人，倒不如屢屢犯過錯者，在做人方面令人印象深刻且更具魅力。

管長的個性有逞強且明朗純真的一面，也有內向害羞的地方，看起來不會庸俗無奈。在他的身邊可以真實地感受到生活的樣態。他教導我的是應該如何面對死亡，而把握一分一秒努力地生活下去。這不只是說說罷了，實際上讓我看到的他，就是一個活生生的例子。

前面提到的土師健司氏談到有關老和尚和三輪氏作一番比較，描述如下：

兩個人竟然想法和性格都頗相似，發怒的時候也一模一樣。都是大聲喊叫，使勁地發出很嚇人的怒吼，這是很恐怖的唷！雖然很恐怖，但是事後一點也不介意。

方廣寺奉贊會，在三輪信一會長之下有天龍木材社長稻勝哲夫氏、石塚村松法律事務所長石塚誠一氏、濱松信用金庫會長木村重郎氏、濱北市農協組合長河合多三氏、櫻井製作所會長櫻井定芳氏。庄田鐵工社長庄田功氏擔任副會長，山竹豬產業社長竹內隆氏擔任事務局長，靜岡縣西部的有力人士加盟而做為圓明閣建設的後援。而奉贊會的名譽總裁就由高松宮宣仁殿下擔任。

高松宮殿下和老和尚，從以前就交情深厚，兩人的認識要追溯到二十幾年前，那時老和尚是福井播放公司的職員，時常作演歌詞。有一次，發表會當中招待高松宮殿下伉儷，彼此很投緣。後來老和尚再度出家，並於昭和五十九年擔任方廣寺管長，不久，老和尚在隔年，也就是昭和六十年，舉行開山祖師的圓寂紀念法會時，期望兩位殿下蒞臨，於是他們很快地答應了。

兩位殿下出席該法會而祈願方廣寺的發展，贈送老和尚鑲菊紋章的袈裟，並在方廣寺大殿前庭舉行種樹紀念。

老和尚在《朝日新聞》撰文回憶高松宮殿下的情景，描述如下：

> 我在昭和五十九年九月就任管長，訪問宮廷時，殿下問道：「就和尚而言，可以吃飯嗎？」回答說：「因為和尚是通吃的，所以……。」殿下哈哈大笑。這些往事歷歷在目，彷彿昨日般地浮現在眼前。
>
> 殿下昭和六十年四月赴方廣寺參加開山祖師的圓寂紀念法會時，很爽快地交代不須任何警備，向上上任管長足利紫山老和尚很親暱地叫著：「歐吉桑！歐吉桑！」他好像很喜歡方廣寺幽靜的樣子，且因反應靈敏、愛說笑話，所以談得很快樂。
>
> 殿下掛心著日益老朽的方廣寺的修建工程，很樂意擔任奉贊會的名譽總裁。他

圖5　高松宮宣仁殿下贈送七件袈裟（昭和60年4月21日、方廣寺本堂／照片·《靜岡新聞》）

一向不接受像奉贊會總裁這類性質的頭銜，不過卻特別答應方廣寺。

昭和六十二年二月三日，高松宮宣仁殿下因癌症逝世，此時，老和尚很沮喪消沉，有如失去了兄長般的感覺。其後名譽總裁變成空席。不過同年八月，決定由替代高松宮殿下的高松宮喜久子妃殿下擔任。

在這年的七月十八日，很受歡迎的演員石原裕次郎氏也因癌症去世。可以想像得到對老和尚而言是特別落寞的時期吧！然而老和尚的癌症表面上仍維持著小康狀態，隔年的二月，進行第二次的動脈栓塞治療時，轉移至六個地方，癌細胞慢慢地、慢慢地正在侵噬著老和尚。

深知老和尚病情的高松宮喜久子妃殿下，就任名譽總裁所附帶的條件是「就任僅限於荒金管長一代」，關於此，老和尚解釋如下：

> 妃殿下以柔和的聲音說：「就任名譽總裁只限於荒金管長一代，是希望管長永遠活著的意思。」就因為皇家這樣地關懷而建設一座宏偉的圓明閣，我想以禪的教導，來作育人才。（《靜岡新聞》）

昭和六十二年三月，為高松宮殿下在方廣寺本堂前庭，種樹立碑作紀念，此碑為老和尚以私費所建，高松宮喜久子妃殿下悼念宮宣仁殿下的死而詠歌刻碑文如下：

癌症果真無法治療嗎？
奪去了丈夫也奪走母親的生命。

如前所述，高松宮喜久子妃的母親也因癌症而死亡。

平成元年四月二十二日，接近開山祖師的圓寂紀念法會時，高松宮喜久子妃殿下寫給老和尚的話如下：

聽說荒金管長雖然和癌症這個最惡病魔交戰著，卻一如往昔不畏病苦，靠著堅強的意志力，在完成事業的道路上邁進，實在令人欽佩，同時也感到很難過。
（高松宮妃殿下口述，宮務官石塚弘代讀）

這一天，終於為圓明閣的建設工事開工了，並舉辦了參籠堂的拆除奉告儀式。

方廣寺圓明會

天倫老和尚致力於圓明閣建設的各種活動，透過大眾傳播媒體逐漸為社會大眾所知曉。又方廣寺奉贊會的活動也正在順利地進行著，不過籌建工程的募款作業仍維持不變。方廣寺奉贊會過去是以靜岡縣西部為中心所成立的會，但逐漸必須擴大遍及縣中部、東部的募款團體。老和尚和羽衣食品株式會社社長後藤磯吉氏商談，羽衣食品會社的社址在靜岡縣中部的清水市。後藤會長為我們說明了他和老和尚的關係：

> 我初次和管長見面是在昭和五十八年四月，時事通信社在清水舉辦的內外情勢調查會，請管長擔任講師，跟大家演講時，講得瀟灑自如而深受感動，再加上得知他早年出家，中途還俗進入廣播界，後來又再度出家的與眾不同的經歷，倍感親切而深深地被吸引住。
>
> 其後老和尚擔任方廣寺的管長，我曾經二次帶著兒子一起去請益、聽他開示。
>
> 我跟兒子說：「方廣寺裡有這麼一位和尚，以後有任何煩惱都可以向他請教。」

圖6　盡力於圓明會組成的後藤磯吉氏

當時我這麼想：假如因經營上的問題，遇到某種困惱時，能擁有像管長這種朋友的話，總覺得心中有個依靠。

昭和六十二年左右吧！管長因癌症入院治療，後來因病情好轉而出院。並寄贈附有問候函的《在現代中活下來》這本著作給我。聽到「癌」的病名起先嚇了一跳，立刻前往探訪慰問，結果出乎意料之外，他看起來還很健康，反倒是話題都圍繞在希望有生之年能建造圓明閣，我也深受感動，當場請求讓我也有機會略盡棉薄之力。

為了籌措圓明閣建設的資金，成立了方廣寺奉贊會和方廣寺圓明會，會員們也都盡心盡力，不過七億日圓中一半以上是管長自己以美術紙箋所寫的書法和所畫的禪畫義賣所得，或演講會的收入等等。我覺得管長以身作則的事蹟簡直是太偉大了！不過也太辛苦了。

後藤氏繼續說明如下：

有一次，我曾用私家轎車接待管長遊覽清水的名勝——日本平，碰巧途中我有急事，非回公司不可，很快地叫公司的車子前來載我回去。後來聽其他的人說管長很「贊賞」這件事。總之，好像是這麼說：我坐公司的車回去，以自己的轎車招待管長，這種體貼的安排，使他做一次愉快的旅遊。當時我內心也這麼想：因管長是客人讓他乘坐我的車，以便能很快樂的觀光是理所當然的事……。有過這件事之後，彼此之間變得更加親近了。

這樣一來，在昭和六十二年九月九日，為遍及縣中部、東部的圓明閣建設的後援會組織，而成立了方廣寺圓明會。顧問是靜岡第一電視社長內山信一氏及ＰＡＣ會長江崎鐵郎氏（已故）。會長是靜岡新聞社社長大石益光氏，副會長是桃中軒副會長宇野紳七郎氏及羽衣食品會社的後藤磯吉氏擔任。而且理事是靜岡鐵道社長川井祐一氏、村上開明堂社長村上英二氏、伏見屋社長小山守一氏、田中產商專員田中康隆氏等。監事是ＰＡＣ社長柴山修作氏、靜岡政經研究會平野正臣氏。事務局長由日管常務董事杉本確朗氏擔任。進而靜岡銀行的諮詢委員平野繁太郎氏等也都參加。於是縣中部、東部的很多重要人物就組成圓明會了。

會長大石益光氏受老和尚的熱忱所感動，透過《靜岡新聞》報導介紹老和尚的活動而呼籲捐款。因此只剩三年有限生命而為建設圓明閣勞碌奔波的老和尚，引起很多人的關心，並獲得共同努力的基礎。

後藤磯吉氏在清水市的「末廣鮨」料理店把交往甚密的ＮＨＫ靜岡播放局長曾我健氏，介紹給老和尚，其後製作「日本人物特寫・老和尚的那些日子——得知癌症後的三百日」的節目而開始播放到全國，這個電視節目一播出就引起很大的回響，尤其在醫療、佛教兩方面，對觀眾給予很大的影響，也對圓明閣建設的募款做了無法估計的貢獻。

老和尚寄給後藤氏的謝函如下：

永不褪色的情誼，由衷地感謝您，特別是為圓明閣建設後援會的全面開展而奔走，這是最好的抗癌劑，因此使我延長一個月的「人生退休年齡」，非常感激。去年從醫生那裡請教得知「還剩三年的生命」之後，日復一日的充實，而且以感謝的生活情懷，珍惜每一天，細心地玩味著生命的喜悅。

此外，對方廣寺來說，百年來心願的圓明閣新建築，承蒙會長及夫人為首的大家的厚愛，已經得到五億二千四百萬日圓的捐款，我也拼著殘餘的生命努力地托缽，結果獲得一億八千萬日圓。

高松宮妃殿下也非常難得而主動地說：「我一定會去參加落成典禮的，我們一起剪綵吧！」令人感激不盡。無論如何讓我能活到六十五年四月二十二日，使「退休年齡延長」到這一天，我真期待能和妃殿下、後藤會長夫婦和大石社長們一起進行剪綵。

能受到大家的幫助，得以完成歷代管長未能完成的心願，圓明閣新建築總算有了眉目，是我至高無上的榮幸。

承蒙會長介紹的ＮＨＫ的曾我局長，對我非常照顧。濱松醫大的中井校長也說：「ＮＨＫ這樣地大力協助，這是開辦以來第一次。」非常替我高興，這都是後藤會長的人格及暗中美言所致，非常感謝。

（略）

夏日炎炎，很誠懇地期望您能蒞臨，請向尊夫人、社長夫婦及末廣鰭料理店的主人代為問好，早晚天氣變化大，請多加保重。

昭和六十三年七月十六日

荒金天倫敬上

我的人生哲學：

此路無涯（佛教修行的路是無止境的）

唯我獨行（自己去做，別無他人）

哭笑掙扎（即使是多麼地苦）

只此一條（始終精進努力，毫不退轉）

從平成元年三月二十三日到二十八日，方廣寺奉贊會和圓明會一起透過靜岡新聞社、SBS靜岡廣播電臺把消息傳播出去。並且在遠鐵百貨店藝術劇場舉辦「生命有限，荒金天倫・美的世界」，公開展覽老和尚的禪畫、墨寶等作品。還打算透過他的生活方式，想要廣加介紹禪文化的現代意義。並將當時拍賣作品所得的錢，悉數捐做圓明閣的建設資金。

必須繼續為募款奔波的老和尚不顧病情到各地舉行演講活動。六月十九日在ＮＴＴ濱松分店主辦的「專題演講會」，以「日日是好日」為主題，進行大約一小時的演講。這是最後一次，經由外單位所邀請的演講。ＮＴＴ濱松分店廣報課長土方茂勝氏說明如下：

> ＮＴＴ規定每月十九日為「座談日」，打算做為人和人、人和區域、人和未來溝通聯絡的活動，該活動的重要一環就是邀請天倫老和尚演講。演講會的通知一刊登在地方新聞上，報名表就紛紛寄到，從中抽出二百名聽眾，這樣地回響，極為驚人。同時老和尚的活動漸漸地受到大眾的仰慕、支持。
>
> 老和尚雖然坐在椅子上演講，不過從他說話的表情，很難想像是個罹患癌症末期者。幽默聲不絕於耳，甚至連癌症也直言不諱的成為話題，整個會場充滿了動人心弦的笑聲。

老和尚的熱情感動很多人，使圓明閣的建設資金逐漸地與日俱增。而且圓明閣的建設也跟隨著老和尚的活動，平穩而順利地進行著。老和尚的夢想正在一步一步地實現著。

圖7　「生命有限，荒金天倫・美的世界」，不顧衰弱的身體往來會場，作禪畫、墨寶的說明（平成元年3月23日照片・《靜岡新聞》）

平成元年四月二十一日參籠堂解體奉告法要（譯者註：參籠堂拆毀時，向佛菩薩奉告的佛事）、四月二十四日做解體工事、五月二十七日行地鎮祭、八月二十四日基礎工事，而且在平成二年一月十七日舉行上樑儀式。

拍電影

平成元年六月十五日下午八時起，在ＮＨＫ電視名為「日本人物特寫」的實況轉播節目中播出題目為「老和尚的那些日子——得知癌症後的三百日」的節目。下午八時是所謂的黃金時間，一般視為電視節目最高收視率的重要時段，從這裡可以看出ＮＨＫ的大力投入。或許ＮＨＫ敢在黃金時段播出這個節目，是因為同一系列作品的另一個節目，曾在前年昭和六十三年十二月八日，於東海・北陸地區播出而深獲好評的緣故。

這個節目是從天倫老和尚給自己的告別式致詞，而弟子們在一旁用攝影機拍攝的奇妙鏡頭開始，接著介紹方廣寺的歷史和天倫老和尚的事蹟，在昭和六十一年十月，縣西部濱松醫療中心，根據室久敏三郎醫師所做的癌症告知經過情形。

室久醫師以回憶的方式描述著：

被老和尚開門見山的說：「既然連用超音波掃描，都證明肝臟裡確實長了一些什麼東西，恐怕除癌以外，不可能有別的吧！」只好照實回答，因老和尚有那種不許我對他隱瞞的氣勢。

接著老和尚這麼說：「只剩三年的生命，假如以棒球比賽做比喻，可說是第九局裡的二出局二好球，既然如此，若能拖成延長賽的話，就心滿意足了。如果認為只能活三年，有這種想法的話，就輸定了。我就是一天也要好好利用，而打算有效地使用三年。」

就這樣地攝影機從昭和六十三年到平成元年五月為止的三百日之間，繼續不斷地拍攝老和尚的情景。只看畫面就能清楚地看出，這三百日裡老和尚的病情逐漸惡化下去的情景。節目內容就老和尚在生病中內心如何自我調適的觀點，和以嚴格修行作為禪僧風範，而拍攝老和尚修行的情景，如夏季講座、安居會(這裡的安居會是指為了因事情不能正式進入僧堂的各分寺院弟子的坐禪修行)、臘八大接心(從十二月一日至八日為止的不眠不休地坐禪修行)等，以這二個視點為主軸，就前者而言：慎重地選出了老和尚殘餘生命裡每個日子的生活方式，不過播出的畫面，不強調身體衰弱下去的樣子，這對他人而言，表示慈愛；對老和尚自己而言，可以看出每天都過得很充實。老和尚每當接到和自己同病相憐的人寄來的信寫著：「心情非常鬱悶、意志消沉，這種時刻，我一定會讀佛書，但死亡的恐怖，還是縈繞不已！……」就馬上打電話給那個人而盡心盡力地勉勵著。而且對鏡頭說：

「如果害怕死亡的話，我就告訴他，那麼晚上不要睡好了。這麼一來，豈不等於說：怕死跟怕明天來臨沒什麼兩樣了嗎？如果你今天一整天都能精力充沛地生活的話，那麼晚上就一定能睡得很熟，根本不需要擔心明天。所以處理害怕死亡的心情，如果能同每天起床睡覺那樣的平常，那就一點也不可怕。」

又說：「我還算是很幸福的，這樣說還不夠，應該說我現在最幸福才對，如果說我一點都不在乎死亡，那是騙人的，其實肉體方面還是很痛苦的。不過我的心活得充實且富有朝氣，就是最大的幸福。」

「所謂當下，就是指今天這個日子，這個時刻的真實存在吧！因此，若能了解這個道理，每天都過得很喜悅。罹患癌症雖然不是件愉快的事，但是能夠珍惜只剩幾年、幾天活著的日子，且能很充實地度過每一分、每一秒，這才是最值得高興的事。」說這些話時，天倫老和尚目光炯炯有神。

另一個觀點是身為禪僧的老和尚，依然不顧身體的衰弱，始終堅持貫徹非常嚴格的修行。老和尚在禪堂裡，給安居生們(安居會參加者)上了一課：

「模仿住持和尚是成不了大器的，請你們不要做虛有其表的和尚吧！」

「所謂禪絕非那樣，應該是全神貫注在某一對象上。」

還有老和尚為了籌募圓明閣建設資金，而展覽義賣自己的書法、畫畫之類，為了這件事，而以痙攣的手畫達摩圖時，一面以嚴謹的眼光注視著畫，一面自言自語的嘀咕著：「現在，我和達摩祖師以白刃相向，一決勝負。」

透過觀察老和尚這兩個觀點，影片的最後鏡頭就以因訂有「圓明閣建設」這項目的，而找到最後的生存價值且讓老和尚的生命燃燒下去，整個畫面逐漸淡化，並配合感性的旁白結束這部影片。

旁白為「有限的生命裡，每日每日精力充沛地生活著——老和尚的日子永遠繼續不斷……。」

這個節目贏得很大的回響，那些正受病魔威脅著生命的人固不待言，連病人家屬和周遭的人看了這段影片之後，也開始嚴肅正視、認真思考自己的生命意義，這全都由於老和尚而獲得無比的勇氣，成為開始改變人生觀的轉捩點。全國蜂擁而至的信件、明信片、電話都指名寄給老和尚或NHK電視臺。同時，這個回響對圓明閣建設發揮了無比重大的貢獻。因看這個節目而受感動的人寄來很多的捐款，其中甚至還出現像中村八重市氏，最後捐出一千五百萬日圓的大布施。

如前所述，促成這個節目製作的因緣，是在老和尚和ＮＨＫ解說委員長曾我健氏會面的那一刻。曾我氏當時擔任ＮＨＫ靜岡播送局長，經由圓明會副會長羽衣食品株式會社社長後藤磯吉氏的介紹而認識。曾我氏和老和尚會晤的經過，他說明如下：

圖8　以播送人的眼光來看老和尚的曾我健氏

我曾經在靜岡住過二年，很喜歡寺院，曾經有二次到方廣寺散步，氣氛非常地安詳、寧靜，特別是石刻的五百羅漢栩栩如生，維妙維肖。

我告訴後藤先生這些話之後，他說：「要不要和管長見個面？」

「我有榮幸和那位偉大的人見面嗎？」彼此聊天著。後來機緣到了，管長到清水，大家約在「末廣鮨」的料理店見面，後藤先生、我和我太太，以及靜岡新聞社長的大石伉儷，都是初次會面。那時我像一張白紙般完全不知道癌症的事情。且和管長隔鄰而座，頓時變得很渺小……。後來談到癌症的話題，當我們知道管長罹患癌症的一剎那，都嚇了一跳。

曾我氏最初顯得很緊張，不過老和尚原本也在新聞界服務而頗富盛名，因此兩個人談得很融洽，好像是老朋友那樣的情投意合。聽老和尚談到自己既有趣又傳奇的半輩子，這之中彷彿也給他開示了佛教的道理。曾我氏回憶著說：

特別是我們在談論「日日是好日」演講會的籌備細節時，更是令人欽佩！當我們請教問題時，不管就事情下結論的方法也好，判斷的速度也罷！簡直快得驚人。啊！真是個了不起的和尚，我覺得他在衡量人類的標準上和我們有天壤之別，最後臨別依依不捨，希望能有機會再見面。

當下次再見面時，曾我氏的心中好像已有定案，想製作老和尚的節目。曾我氏繼續說：

一方面內心想趁老和尚健康情況還好時，是否能在「NHK特集」中進行採訪，想徵求他的同意，因此打電話給他，希望七月六日去拜訪他，再進行一次會面。他馬上回答說：「歡迎光臨，這次由我請客喔！」屆時，我就帶著進入公司工作才三年的女導演，一起到方廣寺去請教。

或許這麼說對管長不太禮貌，當初我的構想是刻意安排一位再過一年或兩年，就要離開人間、全力修行到最高境界的人，再加上一位初出茅廬的新銳女性導演，豈不是可以拍出轟動精彩的好節目嗎？

這位女導演，很有個性，有初生之犢不畏虎的架勢，和她一起去拜訪老和尚一定會很高興的。大約有四小時左右吧！大家談得很起勁。之後談到說：「如果是由曾我先生監督的話，就絕對沒問題。」後來我說：「我還是負責監督的責任，讓這位桑田萬里小姐來導演。」並大力推薦說：「這位小姐是一位非常熱心的導演。」由於老和尚個性非常寬厚，就說：「啊！很好喔！從明天開始來吧！」事情就這樣敲定了。

於是，就正式決定要製作節目了，然而拍片並不是一帆風順，老和尚和桑田萬里小姐之間難免有時產生意見分歧和發生齟齬的情形。曾我氏說明如下：

這位萬里小姐，管長最初是把她當成自己的女兒般來疼愛，而她也精力充沛地全神投入工作，不過好像常常有衝突的事情發生。萬里小姐強悍的導演風格及權威式的做法，和老和尚的想法、理念，好像常常發生意見分歧。關鍵的衝突在於萬里小姐想拍攝管長的一切，不過管長認為自己真實的身分是僧侶；因此在方廣寺時的樣子就代表自己的一切，至於三生院則是屬於自己個人的隱私權。當時他答應說到處都可以拍，指的是寺院內。沒料到萬里導演太過偏重他個人家庭生活的片面了，因此內心也甚感這位導演太不了解自己的心意了。這似乎是二人的爭執關鍵之所在。

桑田萬里小姐回憶當時的情景，也說了下面一段話：

> 初見面就先入為主地把老和尚想成像神仙一般，不過事實上並非如此，要彌補這種印象和實際上的差距，過程是非常艱辛的。老和尚用他高深的哲理自說自話，但我根本聽不懂他在講什麼，因此我當然只好經常把他拉到平凡人的立場，但老和尚也有他堅持不肯退讓的地方，因此經常挨他的斥責。

或許正因為桑田萬里小姐和老和尚兩人都拼命地把自己最真實的一面呈現出來，於是才能拍出這一部精彩的作品吧！如前所述，這個節目在北陸・東海地區放映時，引起很大地回響。而且大約在半年後加以整理，更透過全國聯播，把大量的觀眾吸引到電視機前，而引起更廣大地共鳴。桑田萬里小姐在這個節目放映之後，調到東京工作；曾我氏也從全國開始放映日起，數週後的六月底，升為ＮＨＫ解說委員長而榮調東京。

拍攝成紀錄片的這個節目，代替了因癌症惡化而不能遠到全國各地演講的老和尚，而把老和尚的人生理念傳達給分布在社會每個角落的人們，發揮了極大的作用。住在京都臨濟宗妙心寺派法輪寺，一般通稱為達磨寺的住持佐野大義法師說了下面一段話：

昭和六十三年十一月，我邀請老和尚在第六次的達磨寺之曉天講座裡，以「日日是好日」為題做演講，承蒙應允。因為在社會上，是否應坦白告知病患得癌症的事實，已經成為相當受關切的話題，因此打算由自己已得知罹患癌症，但仍積極活著的老和尚為出席聽講的民眾現身說法。在平成元年六月邀請函印製好，派人送請帖給老和尚，結果老和尚回話說：「醫生擔心病情惡化，禁止我活動，因此預定在平成元年八月六日的講座，非常抱歉，不能出席了。」這可不得了了，病情的確惡化了，急急忙忙地前往方廣寺慰問。癌症轉移已經到了無法前往京都的地步，儘管如此，他還是不顧病體而特地接待我到舉行圓明閣地鎮祭的地方參觀，他點燃著希望之火，以最後的時日，仍全心奉獻在圓明閣的建築工作。雖然外表看起來受重病之苦，體力衰弱，不過眼神仍然光芒四射。於是我在此時吟詠詩如下：

綠風裡談圓明閣

老和尚臉頰紅潤
目光晶瑩且清澈

那時，老和尚的容姿簡直就像「枯木龍吟」裡禪話的化身，令我難以忘懷。

曉天講座的當天，也就是八月六日，老和尚事前派人送來錄影帶，在電視上播放，所以在會場安裝二臺很大的電視機，讓出席的大眾觀賞，然後，由我報告老和尚目前的情況及心態。

「雖然是做禪僧應有的生活方式，但畢竟不是無所不能。」

「老和尚忘記了自己罹患癌症；也忘記了自己即將死亡，而把剩餘的日子，奉獻給圓明閣的建設。」一介紹完畢，就有十位左右布施圓明閣建設的捐款。錄影機真實地傳達老和尚癌症末期生活的情形，觀眾們邊觀賞邊用手帕一次又一次地擦著眼淚。

節目裡放映了很多老和尚的生活情景，畫面才漸漸淡化。

第五章

最後的日子

最後的說法

荒金天倫老和尚使盡力氣地大聲一喝：

喂！那邊沒有剃好頭的出去！
不像和尚樣子的，出這個大殿去！
我拼命辦道，你卻連剃光頭這一點犧牲都不肯，心理準備沒做好！坐禪修行，不全神專注根本不可能精進悟道。（平成元年夏期講座錄影帶）

老和尚的聲音已經沒有了如健康時的音量，但如剃刀般鋒銳的氣勢一點也沒有失去。

這是在平成元年八月十九日、二十日為期二日的方廣寺夏期講座上發生的事。這成了老和尚的最後講座。隔年的夏天也會開這個夏期講座吧！但屆時臺上再也不可能看到老和尚的身影……。所有的參加者都有著那樣的感覺。這是可以從老和尚那裡學習的最後二日，可以聽到老和尚聲音的最後講座，不論誰都抱著這個想法來參加，抱著這個想法來聆聽老和尚的話語。老和尚的病情是變得那麼地壞。當時正擔任值日——禪堂的堂內頭，負責指導那些過修行生活的僧眾——的東光院副住持，大家稱為明師的中島浩明師，把當時的情景為我做了如下的描述：

> 因為老和尚已經不能隨心所欲發出聲音，我甚至想要停辦講座讓老和尚休息。老和尚在講座中用了超出意想的大音量來講話，所以我想出席的眾多聽眾都不知道情況會是那麼的嚴重。隨著講座的進行，我因為感謝老和尚——「我們的師父」，不由自主地流下眼淚。

為了聽聞最後的講座，正殿擠滿了約一千二百位的參加者。這時，美惠子夫人整理了三生院的臥床，保持隨時可以讓人休息的狀態，期待著老和尚的歸來。在老和尚得以無所顧慮地活動的背後，總是有著夫人對他的支持。在老和尚不顧病情進行講座的期間就只能夠繼續等待，那種辛苦程度必定一點也不亞於從旁隨侍照料。

美惠子夫人在今年四月以前從未進入過方廣寺。住在走五分鐘就可以到達方廣寺的地方，腳卻一步也沒有踏入本山方廣寺內，因為老和尚不允許。美惠子夫人用淡淡的語調說：

先生在四月的時候引導我參觀方廣寺，那時是初次參觀方廣寺。先生大概認為是能夠親自引領的最後機會吧！

美惠子夫人初次造訪本山，實際上是她於昭和五十五年移住三生院以後九年的事了。再說，在作為夏期講座會場的正殿中，老和尚是以兩側由侍者攙扶的姿態出現。約有一

圖1　視老和尚為「父親」的中島浩明師

千二百名的聽講者在滿懷敬畏的沉默中恭迎老和尚。當時那個緊張氣氛中，摻雜著盛夏的許多蟬鳴，卻沒有擾亂了靜寂。

當時攙扶老和尚的侍者神宮寺副住持，大家稱他為道師的鎌田岳道師，說了如下的話：

> 我扶著老和尚的手臂，引導他從輪椅走向正殿的時候，屢屢想起老和尚還有體力時的聲音和容顏。
>
> 老和尚在移動的車中也絕不會荒廢了時間。當然，並不是針對我正在參的公案做細節的教導，只是為了傳授弟子關於禪是什麼？佛法是什麼？引用了種種的例子來說明。
>
> 我也曾在車中被他痛切叱責過。但做錯事就是錯的，不過把不好的地方改過來的話，老和尚就再也不放在心上了。由於叱責的時候情緒很激動，起初的時候也需要一點時間來回復，但訶斥了以後，老和尚事情就算了，完全不再記恨……。
>
> 老和尚精力旺盛時的那種風采，走馬燈似地轉過我的腦海。

說起來，主治大夫室久醫師本來是禁止老和尚進行今夏的講演的。因為大熱天裡發汗等的事難免會消耗體力。癌細胞已經轉移，體力也到了接近衰耗的極限，判斷進行一連二日的講演體力難以支撐。

上個月的七月二十五日，室久醫師為了老和尚的癌症末期疼痛管理，決定了開始使用鎮痛劑、硫酸嗎啡的處方，因為老和尚睡眠不足和頭痛，造成背部激烈疼痛的緣故。癌細胞已經從肝臟轉移到胸椎，引起了胸椎的壓迫骨折，那種疼痛是硫酸嗎啡等止痛劑都難以十分有

圖2　在車上也受老和尚指導修行的鐮田岳道師

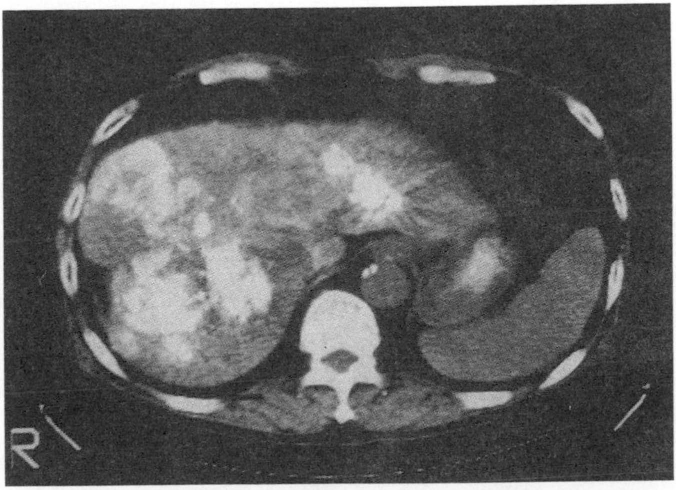

圖3　白色部分是癌細胞集中的地方。昭和63年(1988)
9月（X光CT／照片提供・濱松醫療中心）

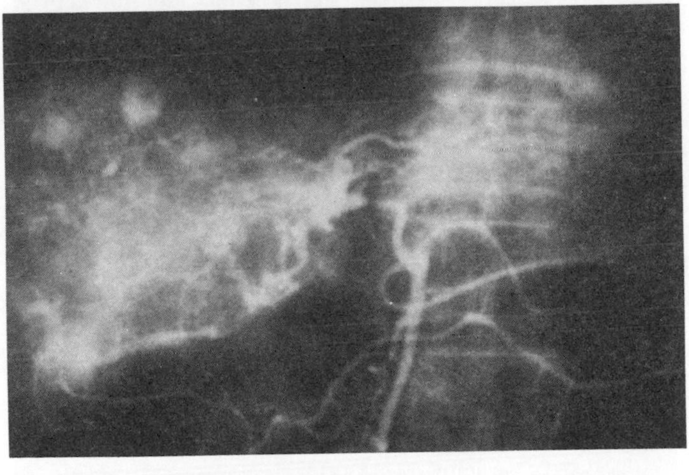

圖4　癌細胞擴充到整個肝臟。昭和63年2月（血管造影X
光照片／照片提供・濱松醫療中心）

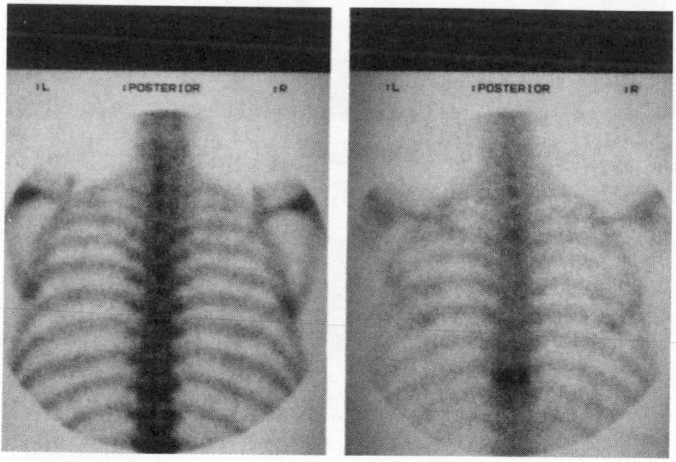

圖5　昭和63年2月。轉移至第九胸椎前（左）後的骨掃描圖照片（照片提供・濱松醫療中心）

效抑制的激痛。八月一日到九日為止的第七次住院中，以局部注射進行神經阻斷，這是經由向激痛部位的神經進行注射來遮斷神經迴路，以去除疼痛。

由於癌症末期特有的衰弱，加上這個壓迫骨折，老和尚到了無法一個人獨自行走的狀態。最初住院時的體重是六十八公斤，但這時已經剩下五十公斤不到，減少了十八公斤以上的體重。為了預備萬一的情況，老和尚甚至穿著紙尿布登上講壇。隔天的二十日，主治大夫室久醫師也隨侍照顧老和尚了。

靠著侍者攙扶好不容易坐上椅子的天倫老和尚，稍微帶點神經質地調整麥克風的位置，又移動了桌上的面紙盒。

不時難過地拿面紙清一清喉中的痰，老和尚開始慢慢地說：

> 醫師早已禁止我外出了，即便是如此，還是照了約定出來。來年的夏天我就已經不在了，這是和各位見面的最後一次。（同影帶）

當天提出的公案是《碧巖錄》第六則的「雲門日日是好日」。

並不是每天都繼續著好日子。那有那麼好的事，甚至在每一天中都有難過的事和辛苦的事。不過雖然每天有苦有樂，也只有那獨一無二的一天了。所以，要用全副精神好好來過那樣的每一天。既不用驕傲，也不必誇耀，只是真心地盡好每天的責任。因此，內心就經常保持著愉快。這就是日日是好日——老和尚喜歡寫在和歌箋上，在演講中提出的公案。或許多說是沒有必要的吧！那個用震動心靈的聲音，向聚精會神的聽眾講說精進生活的老和尚風姿，不就是正在述說著「日日是好日」的本來意義嗎？

在本章開頭，老和尚用了全身力氣發出一喝的那個時候，他在聽眾之中發現了還沒有剃好頭的安居生。一般來說，禪宗的僧侶在四和九（譯者註：每月的十四日和二十九日）的集眾日，按常例要把頭剃得漂亮。不過那個安居生留著平頭髮型，並沒有剃髮。

在方廣寺的夏期講座中，一般的聽講者和繼承寺院的安居生一起出席。所謂的安居生，通常是為了從事其他的職業，沒有像雲水（修行者）那樣進入禪堂修行（短的話也要一年）的人，在方廣寺，出席三次為期一週的安居會而持有修了證書的話，就可以取得做住持的資格。老和尚在這個時候，想要留話給這些年輕的安居生。

主治醫生在旁勸阻：「不要生氣！」護理人員問道：「為何要罵得那麼兇？」我回答說：「是身為管長的責任。方廣寺派的宗風是嚴格的。」我想說的是：

如果一切都馬馬虎虎的話，方廣寺派的宗風早就滅了。連想當警官，起碼也要經過一年嚴格的學校生活訓練才能有一顆星，只有和尚是在夏天接受一週的研訓，坐坐禪的話就成為住持。這對檀家們是說不過去的吧？必須要比別人更具真心來精進修行，不認真遵守規矩是不行的。(同影帶)

宗風提振——是老和尚於昭和五十九年四月就任管長時的抱負。在這一點上，老和尚一直到最後的一刻，絲毫也不敢輕忽，繼續以嚴格的態度來面對。老和尚那樣的一喝越發使堂內緊張，但隨後的講話內容依然是帶有幽默而且容易理解的。

在隔天二十日的講座中，前面提到的安居生把頭剃得漂亮又來了。老和尚看到這樣，用慈祥的口吻向那個年輕僧人說：「以後一定要規規矩矩地剃頭……。」

從方廣寺奉贊會事務局的土師健司氏那裡聽到這些話的會長日管社長三輪信一氏，述說了如下印象：

管長先生曾經身處戰場。在處於緊急的狀況下，也有不殺死一人就無法解救全員的狀況。我聽到那些話以後，首先想到的是：是啊！是所謂的「壯士斷腕，義不容辭」嗎？這是在說「不得不」的情況。「不得不」這樣的心境，是那個人經常保有的呀！

在講座的最後，老和尚談到了心裡掛念著的圓明閣建設：

關於圓明閣的建設，預算還不足一些。雖然不是在這個場合裡應該說的話，但還是請晚酌三杯的人，喝二杯就好，將一杯捐給我們。在方廣寺建設心的修養道場。為了這個，本寺的和尚們也全都非常認真，希望能和各位一起完成興建圓明閣的壯志大業。

我在來年就已經無法來了。雖然還想再來……。各位要保重身體，千萬不要染患了癌症。請多保重……。謝謝！(平成元年夏期講座影帶)

在這個時候，直到當時不管遇到什麼情況也不會在人前落淚的老和尚，眼中閃爍著淚光了，聲音也顫抖著。到了這個時候，七億圓的圓明閣建設基金還未全數籌足，可是老和尚的身體看來恐怕是到了無法堪任的地步。有奉贊會、圓明會等的協力，寺院末寺的努力，而自己的身體卻已經無法勝任巡迴募款活動的此刻，一想到圓明閣建設的事，萬般感受就湧上了心頭吧！

榮升至東京為ＮＨＫ解說委員長的曾我健氏，也出席了這次的夏期講座。以下是曾我氏的話：

> 老和尚顯得相當虛弱。一看就知道是最後的講座呀！老和尚慣常有的鋒銳沒有了，重複的話似乎多了。漸漸挨他罵的次數也少了，容貌也愈來愈慈悲。

老和尚的講座一結束，就由侍者攙扶著走向車子了。察覺了這是老和尚在方廣寺的最後講座的人們，從正殿中出來在車子的窗邊依次向老和尚道別。前濱松市長平山博三氏和咲子夫人也在那裡。萬萬沒有想到平山氏在老和尚圓寂前一日，平成二年一月六日就去世了。

咲子夫人回想起老和尚，說了如下的話：

> 因為家裡放飼的雞生了蛋，心想要是能供養管長先生，或許多少能給他補補身體……，在夏期講座結束的時候，從車窗遞給了管長先生。管長先生用雙手接

受雞蛋，好像頂禮的樣子捧在額頭邊，說著「這是寶物」而收下了。不管是拿著什麼東西的時候，總是表現出真正深摯的感謝心情，但是他當時的容顏讓人印象深刻，現在也還浮現在我的眼前。

我們夫妻和管長先生的交往雖然不是那麼地長，但因為那是很單純的，所以留下了美好的回憶。

由於我們的家碰巧離管長先生住的三生院很近，管長先生從醫療中心回來的途中，會幫忙把我先生的藥送過來。我的先生也曾和醫療中心打過招呼，所以拜託管長先生在醫療中心接受室久醫師診療的歸途中，幫忙把藥帶回來。

因為給管長先生掛了電話連絡幫忙拿藥的事，我想著該送些什麼禮物？大約平成元年的春天開始，前面的庭院裡，菜的花開了許多。那是因為我和先生都很喜歡野地裡開的草花而種的。我把花割下了一把，等管長先生來的時候送給他。於是管長先生就雙手抱滿花地收下了。

隔天的早上，管長先生送來了和歌箋。用流順的筆法寫著漢詩「弄花　香滿衣」。收到這個和歌箋，管長先生的舉動觸動了我們的心，覺得好像了解了管長先生的整個心一樣。關於管長先生，在如世間人們所說的堅強一面底層，不是也有著和野生草花相通的清明心地嗎？·管長先生就像我們原先想像的，是位外剛內柔的人。

室久醫師的妻子定佳夫人對於夏期講座最後一天，即八月二十日，敘述了如下的回憶：

那天是很晴朗和相當熱的一天。可是管長先生一結束講座回去了以後，很快地就籠罩著烏雲，才想到周邊變得薄暗時就響起了雷鳴，開始下起了猛烈的雨勢。記得我們送平山夫婦到他們的住宅，在那間房子裡一面凝視著急驟密降的雨點，一面對於這次會不會是管長先生的最後講演，交換著種種的看法。才覺得下了一陣叩擊地面般的大雨，馬上又好像什麼也沒有發生一樣，夏天的太陽又開始照耀了。我們像是被某種神祕事物繫著，沉浸於那個感慨之中。

定佳夫人在室久醫師忙碌地來回奔走之際，和老和尚以及親屬諸人保持著密切的連繫，把老和尚的話向醫師傳達，增進相互之間的溝通。

夏期講座一結束就拜訪老和尚的曾我氏，就當時的情景說：

我在講座剛結束之後，就和內人一起到三生院去道別。老和尚準備了「日日是好日」等的和歌箋相贈。到了要回去的時候，就說：「再等一些時候。」二次、三次的挽留。想到長坐會讓他勞累而告辭了，但他仍然佇立於廊下，和往常一樣相送到看不見我們的身影為止。這成了我們的最後道別。啊！深深感覺到他是已經證得覺悟的人！

病床的日子

以夏期講座為界，老和尚的病情急遽地惡化了。或許應該說他是在已經惡化了的情況下為夏期講座盡了最大的努力。

八月二十二日起至三十一日，老和尚再度到縣西濱松醫療中心住院，這是第八次，最後一次的住院。末期癌症的苦痛百般地折磨著老和尚的肉體。在第九胸椎進行局部注射做神經阻斷，也還是無法抑制那種苦痛。不知道是否因為硫酸嗎啡和鈷射線照射的相乘作用緩和了疼痛，老和尚的食慾一時增加了。在佐鳴湖畔以懷石料理出名的鳥善店，老闆伊達善一郎氏可能想到單靠醫院的伙食是缺少變化的，作了菜色佳、見了令人賞心悅目的料理，親自給老和尚送來了。然而，猛烈的暑熱再加上出席夏期講座的勞頓，使老和尚更加衰弱了。因此，不注入高單位的營養劑的話，老和尚的體力難以維持。室久醫師針對營養劑的補給為我做了以下的說明：

> 高單位能量輸注（ＩＶＨ）雖是可以注入的高濃度營養成分，但為此必須從鎖骨附近向中心靜脈經常插著導管（譯者註：即中央靜脈注射針筒）。高濃度的營養成分一注入，營養狀態就會比較改善。只是管長先生在行動受到限制的同時，會有需要別人協助，給他人添麻煩的顧慮，因而好像不喜歡ＩＶＨ。自從進入居家療養以來，順著本人的希望，也曾二度取下ＩＶＨ的導管。因此，高蛋白等必要營養，就利用回院診療時用點滴注射來補充。而且，聽說在新聞記者時代推行了宣傳反毒品運動，不知是否抱持著麻藥不好的價值觀，我向家屬方面探詢的時候，才知道似乎從一開始就很少使用。

ＩＶＨ是針對無法由口中攝取營養成分的重症患者，將約為成人一日所需熱量的高卡洛里營養，直接從血管補給的方法。這個方法被開發以來，據說患者的生存率有了極為顯著的提高。

平成元年八月三十一日，老和尚從濱松醫療中心回到了自己的寺院三生院。病情日益惡化，幾乎到了無法自己從床上坐起來的地步。此後一直到隔年平成二年的一月七日，迎接最後的時刻為止，老和尚在三生院的病床上度過了每一天。

十月左右也有這樣的插曲：

> 在店的公休日，我把器具裝上車，到管長處來探望。

這是位於清水市的「末廣鮨」店主望月英次氏所說的話。

> 管長先生和圓明會的後藤先生，以及NHK的曾我先生等以前一起到我店裡來的時候，曾誇獎我做的壽司好吃，我想是為了讓我高興吧！我帶了材料和一副器具去拜訪，當場做起壽司來。他說雖然是帶腥味的東西，不過現在必須補充營養只好吃了。但八月那次來的時候，他卻說味道鮮美，吃了好多。管長先生喜歡吃鮪魚。可是我在十月去拜訪的時候，他說太腥，吃不下去了。承蒙管長

先生教導我說連壽司也要「誠心誠意來做」的道理。

老和尚每週一次到醫院診療，而各式各樣的活動占了剩餘的全部時間。到了無法回院診療以後，以主治大夫室久醫師為中心，組成了居家臨終關懷體制，因為老和尚的願望，是與其透過接受過剩的醫療來延長壽命，不如自然地接受死亡。室久醫師對於這方面的經過說明如下：

「如果可以的話，我想在自己的寺院三生院自然地接受死亡。」因為聽到老和尚的這個願望，在醫療中心組織了居家臨終關懷小組。以身為主治醫師的我為中心，參加者有從醫療中心來的消化器官科的肝臟疾病專門醫師，擔任ＩＶＨ的竹平安則副部長、病理的岡本一也醫療技術局長，以及護士鈴木美佐子內科護理長。這些成員的任務，是為了讓老和尚安穩地迎接死亡，進行以免疫療法、高蛋白點滴、ＩＶＨ為中心的看護，以及利用硫酸嗎啡進行疼痛管理。

還有，也特別商請聖隸三方原病院的總合診療部內科副部長後藤幸一參加。因為舊知的後藤先生在美國研究高齡者的居家看護，實際地組織小組實施訪問看護，所以商請他援助。從我們的醫療中心到三生院，車程約一個小時左右，但是從聖隸三方原病院去的話，十五分鐘左右就可以抵達，如果考慮到萬一的狀況，這是不能忽視的一點。

之後，同屬聖隸三方原病院總合診療部內科的濱田有一醫師也加入了。由於濱田醫師擁有東洋醫學的鍼灸技術，那有助於疼痛管理。

以上是醫師方面，在家屬這一方面，以妻子美惠子夫人為中心，和特別護士望月女士負責日常的看護。他的兒子義博先生，幾乎是每天花二小時往返於自宅和三生院之間，擔任醫師、患者和家屬之間的連絡工作。不管說是再怎麼親的骨肉，這都是相當辛苦的事。

後藤醫師對於居家關懷說了如下的話：

在住慣了的自宅接受醫師往診，在近親者的守護下迎接最後的時刻，難道不是臨終關懷的理想情況嗎？因為對管長先生所做的居家臨終關懷，正是研究老人看護的我做為未來目標的努力方向，就這一點上來講，有著非常的意義。

圖6　後排左起美惠子夫人、濱田有一醫師、荒金義博氏、望月女士。前排為老和尚的孫子宏章、大貴。大貴所持者為老和尚的遺骨

圖7　實踐居家關懷的後藤幸一醫師

病名的告知、家屬的協助、醫師和護士的訪問體制，以及非醫師人員的醫療行為在法律上不被允許的限制等等，雖然現今的居家關懷有種種待解決的問題，但終究還是必須解決的吧！

室久醫師的往診之所以加入岡本醫師，不只是充實了醫療體制，同時也做到了老和尚的心理層面關懷。老和尚和岡本醫師是在京都時代結識的，而且，他的夫人岡本小兒科醫院院長岡本敏子醫師身為國際職業婦女會濱松會長，是老和尚的舊識，有家族上的來往。

每次一去拜訪，他必定會很起勁地和我聊起管長先生在京都的新聞記者時代的往事：「我在京都府立大學的恩師荒木正哉老師，和當時在京都新聞擔任社會部長的管長先生交情很好，所以也疼愛弟子輩的我。」

圖8　追憶記者時代之老和尚的岡本一也醫師

二、三次前往診療管長先生的三好醫師，也是從那時起和管長先生來往的。所謂「三好醫師」，是縣西部濱松醫療中心院長三好秋馬氏，以下是三好醫師的話：

雖然早已從室久君那裡聽到方廣寺管長先生因肝癌住院的事，但知道他就是京都新聞社會部長的荒金先生時，著實感到驚訝！打從那時以後就滿懷著思念之情。因為我和京都新聞當時的社長先生有來往，透過這個關係，和荒金先生見過幾次面。當我一去三生院拜訪的時候，我們就對京都的事越談越熱絡，提到了京都的食品店店名，很懷念地和我交談著。他是感到快樂的吧！

最初的時候，室久醫師採取每週一次到三生院往診的體制，但是十月中旬以後往診的頻率不得不提高了。室久醫師讓醫療小組分工進行往診，室久醫師和岡本醫師是星期三，後藤醫師負責星期五和星期六。

至於特別護士望月女士，是九月二十三日、二十四日老和尚為了ＩＶＨ管理而住院，在櫻花臺病院結識的。美惠子夫人和兒子義博氏，對望月女士全心奉獻的看護，懷著說不盡的感激之情。美惠子夫人這樣說：

九月二十八日過來，一直到先生去世為止，星期日和新年一天也沒有回家而留下來看護。她也是先生在優先考慮的人選，因為多心的關係也有為難之處吧！雖然一邊在口頭上說著麻煩，卻總是帶著笑容地，有時邊開玩笑地重做一遍，真的是我想要感謝的人。

前述的望月女士說：

到了最後，總覺得是一家人的感覺……，完全不再客套。因為管長先生總是說著玩笑，我和夫人一起笑著呀！

望月女士是屬於稱為「遠江之會」的醫院特別護士會。大家都說她是一位散播著無法用言語形容之溫暖的人。

老和尚好像向望月女士問道：「用什麼樣的心理準備來親近患者?」於是，望月女士做了如下回答：

總想著希望讓患者多活一日也好，縱使是無法醫治的患者也是。因此，有可以幫忙的地方是很歡喜的。患者有一些些的高興，對我展露笑容的時候，我就會打從心底裡感到愉快。

於是，聽說老和尚回答一聲：「嗯！」之後依然保持沉默。老和尚用餐的準備、全身各處的照料、用叫作「摘便」的棉棒催促病人排便的工作等等，望月女士和美惠子夫人輪替著做好種種的看護。摘便是如果保持平躺而不翻身的狀態，腸的蠕動就不活潑而造成糞便結滯，因而要做的事。

望月女士向我述說了回憶起老和尚的一些事：

管長先生哦！是不好服侍的患者呀！以喝茶來講的話，不立刻把茶送上就不行的。晚上也是，雖然和夫人交替著休息，管長先生會叫我們早點就寢，但才剛躺下去，頭都還沒碰到枕頭，管長先生就喊著：「水！」大概是由於癌症的關係體溫調節功能有點失調，因熱而感到口渴吧！甚至在隆冬正冷的時候，還喊著：「渾身發熱！」雖然只是蓋了一層薄被而已。

如果長時間注射點滴，因為手臂不能活動，病人也會感到疲累。因此我會說：「管長先生！點滴滴完了，請稍微活動一下手臂。」但管長先生卻保持打點滴時的姿勢，想模仿幽靈似地讓手臂固定著，說著這樣的玩笑：「我現在正在做死後化為幽靈的練習。因為望月正在做摘便，所以從屁股那裡變出來了！……」

美惠子夫人也加了一些話，向我述說起了回憶：

先生喜歡抽煙，到亡故之前仍未捨去吸煙的樂趣。可是從最初開始就沒有自己吸的力氣，所以半數以上是我吸了煙傳過去。於是說著：「雖然對健康不好……」邊吸了起來。

只有看見先生流過一次眼淚，某個公司說：「如果管長先生親自來收款的話，為了圓明閣的建設可以再多捐一些。」因為他已經不能動了，親自取款的事是不可能，說著：「遺憾啊！遺憾啊！」好幾次搥打著自己不能動的腳，眼中含著淚水啊！

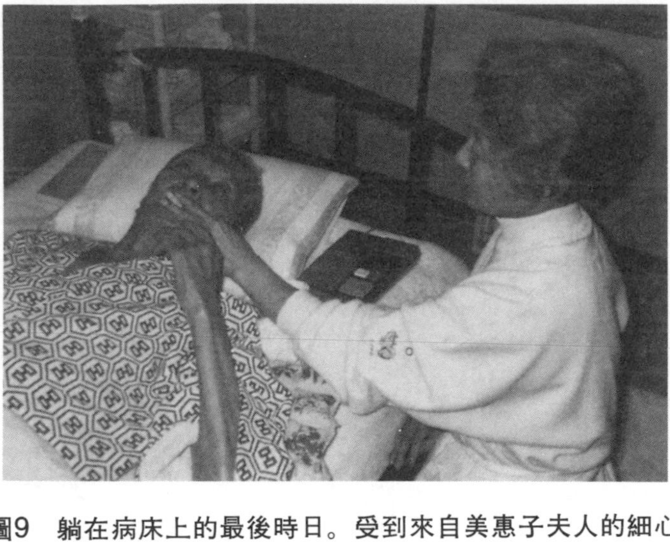

圖9　躺在病床上的最後時日。受到來自美惠子夫人的細心看護。（照片提供・《朝日新聞》）

據說美惠子夫人在旁目睹老和尚的懊惱悲痛，受此影響下也一起流下了眼淚。

在就寢以前，總是握了手以後才睡覺，說著：「謝謝！」也許明天早上就死了也說不定。我想由於真的不知道會變得怎麼樣，所以至少在活著的時候想說道謝的話。還有，看到來訪的人，最後也一定握手道別，有著說「謝謝」那樣的意思。

總之，先生是過著工作又工作的人生，《福日新聞》時代是，《朝日新聞》時代也是，之後來到方廣寺也是，……，那個人一點也沒有改變。打從身體因為癌症無法隨心所欲地活動開始，一直到最後，只顧著圓明閣的事。珍惜每一寸光陰，在和歌箋上揮毫與作畫，手臂可以活動的時候，在體力許可之下，先生一直為了捐獻淨財的各界人士而手不離筆。因此，我們家屬幾乎沒有留下先生所畫的東西，因為全都用在圓明閣上……。

在那樣的忙碌之中，先生在一件和服上畫了我所希望的圖樣而留了下來，是先生生肖的猴子和我生肖的兔子在遊戲的畫。圖案是雙方在角力，猴子撲向兔子，兔子放的箭正中了猴子的屁股，對於我指定的困難圖樣，先生並未露出不願的神情，為我認真地作畫。

生了病，身體不能活動，好不容易才可以過二個人的生活，每天在病榻邊照顧。然而，我不管怎樣還是盡全力做好能夠做的事，心中並未感到後悔。

在三生院的被爐(譯者註：日文為「火燵」或「炬燵」，以炭火或電為熱源，圍以木架，上面蓋上被單的取暖器具)上，美惠子夫人說著而看了老和尚的牌位。長男義博接下去說：

他是不把黑白分個清楚就不能心安理得的人，是個只投直球而生活的人，總之，因說話直率也樹立了不少敵人。雖然是那樣，和爸爸一起過的，是快樂而充滿趣味的人生呀！……

「我死了以後，希望你能陪媽媽到溫泉去，讓她好好泡個澡，好好睡個覺。」父親常常這樣說。

從老和尚開始過居家療養生活的九月以來，美惠子夫人就沒有好好泡過澡，每天只可以睡二、三個鐘頭。對於美惠子夫人看護自己的情況，老和尚經常惦記著。

居家臨終關懷

平成元年十月二十七日，奧山的秋也深了，附近飄著淡淡的冬意。

這一天是後藤醫師預定前往診療的日子，剛巧和學會的出席日撞期，因此由聖隸三方原病院總合內科的濱田有一醫師代為往診。濱田醫師進入醫療小組參與往診是那一天以後的事。

濱田醫師描述了和荒金老和尚見面的印象：

> 對我而言，管長先生是個高高在上難得接近的人，想著是不是能夠將點滴注射穩當地插入，診療的前一個晚上我因緊張和不安而睡不著。後來當然不是如此，我真正看到了他本人，令人驚訝的是他眼光銳利得令人根本不覺得是個癌症末期病患。不知為什麼，好像心底全被看穿似的，不知道到底應該怎麼應對才好而拿不定主意。說什麼呢？自己一時也難以恰當地應答，內心不知怎地很快湧出願意為這個人奉獻的想法。

圖10　行針灸治療的濱田有一醫師

濱田醫師在做醫生以前就學習針灸了。他服務於縣西部濱松醫療中心的時候，也曾為了緩和室久醫師母親的腰痛而行針灸治療。

濱田醫師就針灸為我做了這樣的說明：

透過針灸的疼痛管理，室久醫師也曾詢問過，我回答說：「有效果吧！」如果

> 長時間保持身體不活動，筋肉就會萎縮，所以在那裡插上針，給與電的刺激，以防止筋肉的萎縮。

濱田醫師一直到十一月中旬左右，每週二、三次前往診療，二十日以後則幾乎是每天去，進入十二月以後就一天往診二、三次，一直照顧到老和尚圓寂。濱田醫師誠心至意的針灸，似乎對心理和生理疼痛的緩和有著很好的效果。

像這樣地，以室久醫師為中心的醫療小組繼續著臨終關懷，但種種症狀仍毫不容情地持續襲擊著老和尚。

可是老和尚從來沒有發出「痛啦！」「苦啦！」等叫苦的聲音。從老和尚本人來看的話，也許那不過是他生活方式的一種表現，但就醫師的立場而言，這意味著無法透過問診來把握病況。以室久醫師為中心的醫療小組向美惠子夫人和望月女士詢問老和尚當日的狀況、食欲和睡眠時間等，以推測老和尚的疼痛程度，對於癌症末期的疼痛管理實施細心的關懷。

美惠子夫人如下的證言，雖是間接，但我想可以表達老和尚在癌症末期的心境：

> 如果來探病的人們勉勵說：「管長先生！請要堅強！」他就會以不知道到底是

開玩笑還是說真心話地說：「堅持下去是辛苦的啊！」

岡本醫師對於老和尚在這時的情況，說了以下的話：

一直到圓寂以前頭腦都保持著清醒，實在令人驚訝。在肝臟癌症和肝硬化等的情況下，發生高氨症的機率很高，會說出沒條理的話，也會意識混淆，但老和尚全不會這樣。總是頭腦清晰呀！也沒有減少了幽默感。

竹平醫師說著這樣的話：

當室久醫師因出差等不能前去的時候，我代替前往診察了幾次。對於自己身體的痛楚幾乎都不提起，反而關心我們醫療中心的醫師和家人是否安康。要回去時握了手，用懇切的話語來表達感謝的心情，所以我覺得很過意不去。每次一見到這麼關懷別人的管長先生，就令人不禁感念起採二十四小時體制持續細心看護的夫人和家屬的辛勞。真是為我證明癌症末期的臨終關懷即使採行居家方式也可以做到這麼完善。

過年

到了十一月二十日的時候，從天倫老和尚當時的情況看來，或許十二月十日到二十日左

圖11　說「很過意不去」的竹平安則醫師

右是最危急的，這是以室久醫師為首的醫療小組做的判斷。以下是長男義博的話：

我給父親熟識的各方人士打電話，因為十二月十日到二十日是危險的，雖然距離過年還早了一些，但特別麻煩他們假借年底問候的形式來見最後一面。如果說以帶著禮品來做年末問候這種方式的話，我想就不會引起父親疑心了，不會留意到我們的故意安排。碰巧十二月一日當天，許多的訪客趕在一起來拜訪，或許父親感覺到奇怪吧，開始注意了起來。

「你說謊的本領太差了，我大概最近什麼時候會死，是吧？」被他這麼一問，沒辦法只好回答說：「大概年內……。」父親邊笑著邊說：「害你費神了！」因為父親隱隱約約也察覺到了，因此並沒有感到震驚吧！

「如果在年內的話，在那以前想看一下圓明閣的建築現場。」因為有著這樣的希望，父親說：「想要到了十二月二十七日才死。」自二十八日到正月三日是年末和年初的休假日，是一家人團圓的快樂時光。他說在那樣的時間進行自己的喪葬儀式也就不會給人家添麻煩。

透過義博氏的電話向老和尚做了最後道別的熟識諸人中，有當時正擔任方廣寺奉贊會事務局長的山竹豬產業社長竹內隆氏的夫人ちづ子。

因為聽到從老和尚之子義博氏打來的電話說：「醫生吩咐說親朋好友最好趁這幾天趕來見一面。」所以在十一月二十八日下著滂沱大雨的日子造訪三生院。「雖然想帶個東西去拜訪，可是帶什麼東西好呢？」因為和管長先生真的很親近，就不帶客套地這樣問。於是管長先生也很坦率地說：「想吃切得薄的牛肉。」所以就帶了去探望。

老和尚身體仰臥床上無法動彈，一見到我們就高興地流下淚來。一面用手拭著眼淚，一面率直地說：「一高興就流下了眼淚！」我也被這樣的情景全然感動。他已經不再是健康時的往日風采，聲音也沒了氣力，但不知怎地感覺到一種不可思議的光芒，好像拜見活著的佛一樣被深深地打動。我雖然知道失禮，卻不由自主地為他按摩起手和腳來，於是管長先生顯得非常高興。不知是否因為熱而感到口渴，開始頻頻地喝水。

他說：「如果死了就穿這個。」把預先準備好的白壽衣等拿給我看。我感到驚愕，苦於不知道說什麼才好，只好說：「準備這種東西的話，反倒可以長壽……。」對於迫近他自身的死，當時我感覺到管長先生似乎已經到達了超越自己即將面臨死亡的境界。

之後，老和尚在自居的三生院施行ＩＶＨ，室久醫師向我說了那段期間的事：

最初發現肝癌的時候，我們認為治療順利的話也只有一年半左右的壽命吧！後來因為得知管長先生視為生命意義的圓明閣建設大體上還要三年才能完工，所以我權宜地向他保證說：「三年大概沒問題吧！」雖然我不清楚確實的時間，管長先生想必已對自己的客觀病況瞭然於心！在發現病情第三年的九月左右，管長先生說：「如果不能活三年，室久醫師就會成了『蒙古大夫』。我能夠這樣地活過三年，可見室久醫師不是蒙古大夫。」我聽到這句話，驚訝的同時，又可感受到一股蘊含在幽默之中的溫暖體貼，當時心中覺得非常感激。在那以後，因為管長先生表明想要在自己的住宅自然地死去的願望，所以決定了這種治療方針，和大家一起協力來治療。

ＩＶＨ若在體力極度衰退時注入，會引起肺浮腫，但我們認為以管長先生在這個時候的狀況，調整ＩＶＨ的流量和時間的話會增進效果。既沒有貧血，血液也保持在均衡狀態，但因為食欲一天比一天減少，所以進入居家關懷以後，實施了第三次的ＩＶＨ。

平成元年十二月十二日午前十時，安排老和尚躺臥在搬運車的床上，到他老早就希望視察的圓明閣建設現場去。義博氏、濱田醫師和櫻花臺病院的小沢優事務長隨侍看護。

在建築現場，以中村建設的社長中村信吾氏率領現場的全體工作人員一起歡迎老和尚。老和尚和每一個工作人員握手，說著：「天氣冷不要感冒了！」或說：「請注意不要受傷了！」等的問候語。老和尚依然躺在床上，目不轉睛地注視經過車窗的方廣寺種種景象。車子到了開山堂等等方廣寺的主要建物之前，大約各停留一分鐘的時間。老和尚在那次的旅程中讓車窗開著，頭保持橫向而雙手合抱著。在八月夏期講座時，滿是蟬鳴而圍繞著大伽藍的深山林木，這時已經穿上了冬天的裝束。老和尚前來向這個白從發現癌症以來，他投注生命來回奔走的圓明閣建設做最後的道別。

隔天十三日，為了施行ＩＶＨ，主治大夫室久醫師、岡本醫師、竹平醫師、鈴木護理長來到三生院。室久醫師說：

每次去診療，都會詢問食欲、體重、睡眠、通便等情況，但不知道是否當日過於疲累，變得很少說話。想起在老和尚還有體力的時候，他很擔心我在中心除了診療之外，還有稱得上是過度忙碌的行程安排是過度透支體力的工作負荷，因此他反過來勉勵我說：「醫生！請你要多照顧自己的身體，養精蓄銳才行。」他說：「萬一醫生無法提起精神來，我就慘了。」如此關心著醫生的健康。

同年的十二月二十三日，之前在「週日說法」時介紹過的那位每天遠程自大阪通車來上課的未來建築研究所小野田守隆氏，到三生院拜訪老和尚。這是小野田氏就當時的情況而說的話：

我向老和尚問候說：「老和尚！馬上要迎接新年了。我這一年承蒙您照顧了！」於是老和尚就用不像是開玩笑的口吻說：「你縱使死了也不到天國，到地獄去了。但是，我卻坐在閻王老子的旁邊。而且如果你來的話，我就會對閻王說：

「讓這個傢伙到天國去！」因為我在天國的位子應該正空著，就把你送到那裡去。」

然後，他最後說：「有苦也不要從口中表示出來！哭訴之言不要說！懂了吧！」說著並握了我的手。這是最後的話語。在我的內心中，老和尚是永遠活著的。

事實上，在老和尚下葬的墓旁，我已經事先購妥一塊自己的墓地。如果我也死了的話，就可以安眠於老和尚身邊。我真的是幸運的人。

同年十二月二十九日，中村建設企劃設計課鳥山博之氏，將建設中之圓明閣建設現場同仁的工作狀況攝進影帶中，帶著來三生院拜訪。鳥山氏是圓明閣設計圖的繪圖者。「因為聽到管長先生已經無法動了，所以用自己的錄影機拍攝了圓明閣來給管長先生看。」鳥山氏說著將錄影帶交給老和尚。看了這卷影帶，老和尚了解圓明閣的工事較想像中進展得快，又因為可以看到建物全體的感覺而高興地流下淚來。「雖然這麼寒冷，大家都這麼努力……。從一分錢也沒有的時候開始，奉贊會和圓明會諸位的協力和末寺的努力蓋了這麼雄偉的建築。上樑儀式的時候，想要和各位一一握手說聲『謝謝！』然後，在上樑儀式一結束，就回到三生院和大家飲酒，乾杯以後就死了，這是最好的結局。」聽說老和尚向美惠子夫人、望月女士、義博氏等說了這樣的話。老和尚想必是將他生存的一切希望都繫於圓明閣的上樑儀式吧？

同年十二月三十一日，後藤佑芳宗務總理接到老和尚要他順道到三生院一趟的吩咐。由於宗務總理的職務，必須和管長站在協調一致的立場，因此，身為督導一宗一派的老和尚，偶爾也會碰到必須叱責宗務總理的場面。老和尚把那個宗務總理叫到枕邊，說了感謝的話。那時的情景，後藤宗務總理述說如下：

> 老和尚使力地大聲說：「過年後初四左右是大限吧！因為要過世了，真的想上山(方廣寺)去說聲謝謝。為了要致謝的緣故請你來，雖然過意不去……因為到了這樣的情況……。」
>
> 老和尚一面將衣服打開到胸口附近讓我看他的身體，一面這樣說著：「我的身體已經像炸排骨一般，我已經無法一個人上去了。對於過去到現在所做的一切，真的非常感謝你……。」
>
> 我惶恐地回答：「那裡！那裡！管長先生。我也是在管長的指導下，得以在四年內就做了十年份的修行，我才是真的要說謝謝的人。」
>
> 那一天是相當冷的日子。道別的時候抓了我的手，說著：「好冷的手！」接著

說：「如果你得了感冒就不好了，所以請多加注意。」又說：「準備有暖和身體的東西，請你拿去，也請拿去激勵部員們。因為很冷，所以從身體裡面來溫暖就不會感冒。」給了我威士忌和給了部員們二升酒。像這樣的繼續交代從歲暮除夕夜的打鐘開始，到正月一日、二日、三日的行事，因為知道我們幾乎都沒睡的情形，說了大家不要患了感冒那種細心關照的話。那是我和管長見面的

圖12　含淚說話的後藤佑芳師

最後一次。

聽到了這些話，美惠子夫人補充說：

聽到先生說：「喂！把那裡的東西交給他。」我回答說：「你是說這瓶威士忌嗎？」我一說完馬上就被他指正：「暖和身體的藥。」

在老和尚跟前四年內做了十年份修行的後藤宗務總理，我在他身上找到了身為禪僧如同天倫老和尚般的印象。後藤宗務總理像是要把每一字都講清楚似地慢慢地說：

讓我得見禪的好榜樣啊！像管長這樣的人，絕不是虛有其表的。我想自己的生活也必須如管長的一樣，自己主動深入眾生弘法。總之，他真是個烈性的人，雖然諸佛當中有慈祥的，也有像不動明王這樣忿怒極了的佛，不過，我想佛佛同心吧！

癌症末期特有的痛苦應是從無間斷地一直折磨著老和尚吧！但是，IVH的成果好像使營養狀況有了稍稍的回復，那天夜裡老和尚掛電話給奉贊會會長、日管株式會社社長三輪信一氏。三輪氏述說了當時的情況：

> 我記得大概是午後九時半左右，管長先生來了電話，由於幾乎無法發出聲音，他的夫人幫忙傳著話說：「多虧您的幫忙啦！總算可以過完這個新年了。這些真的是託大家的福。」只有感謝的話語啊！我那時想管長先生真是個深具感謝心的人。

那一夜，老和尚透過美惠子夫人的傳話和各處的熟人通了電話。

最後的早晨

過年了，老和尚迎接了心中所願的新年第三日。室久醫師把這一天的事向我述說如下：

我和岡本醫師、護理長鈴木，和往常一樣過去往診。不知是不是營養狀況回復的關係，管長先生顯得很有精神的樣子，關於一月十七日上樑儀式的事，因為不容易發出聲音了，要透過他的夫人傳達他的心意，他說：「希望醫師和濱田醫師穿著白衣照料我過去。」

「因為如果穿著白衣的話，不管醫師在哪裡都很顯眼，馬上就可以知道吧！」說著展開圓明閣的圖面，和我們談論了坐的地方要在哪裡等的事情，岡本醫師和我都認為照這樣看來的話，管長先生到上樑儀式時應該沒有問題而感到安心，內心愉快。

在進入平成元年為止，一直是以五月圓明閣的地鎮祭為目標而努力。地鎮祭過了以後就以夏期講座為目標，所以照這樣看來的話，若以上樑儀式為目標，想必是不會有問題的。由於非常的高興，往診的歸途中繞到方廣寺，我們三人預先勘察當天管長先生的行車路線，決定走那一條路造成的振動較小，對身體的刺激比較輕。

關於一月五日的老和尚的樣子，長女堀井美智子女士述說如下：

父親對我說：「妳今天化了粧嗎？」我想他看到的可能是那時我正吃大福(譯者註：豆餡年糕)而沾在嘴巴旁的白粉吧？現在想起來，或許當時父親眼睛是看不清楚了！

我在五日要回東京時，他就再三的說：「再待一日。」當我回答說：「因為有要事推不開，所以要回去。」他說：「是這樣呀！」似乎真的感到捨不得。「妳也許已經無法再見(臨終)一面了呀！下次來的時候必須準備喪服……」說了這樣的話。由於是過年，面色、身體顯得很好，所以大家都認為可以支持到上樑儀式沒有問題，不過當時父親也許已知道大限近了。

一月六日，因經常送野草花結緣而密切往來的前濱松市長平山博三過世了。室久醫師說：

平日和管長先生極為知心的平山前市長過世，我擔憂著管長先生不知會不會感到灰心失望，夜裡九時過後掛了確認病況的例行性電話。「他今天也做了喪儀用花送達的指示，心情和平常沒有兩樣，睡得很好。」聽了夫人的回答而感到安心，我也上床就寢了。

而後於一月七日，濱田醫師在和往常一般的時刻造訪三生院，發現管長家中被不尋常的氣氛所包圍。濱田醫師說：

是在午前十時，到達玄關前的同時，望月女士開門出來，喊著：「醫生！快點來！」

我慌忙地跑過去，替管長先生把脈聽診，自己卻無法立即判斷當時發生了什麼事，一時感到茫然。大概經過了五分鐘以後，我才好不容易會意到管長先生已經圓寂了的事實。

從老和尚的病況來看，任何人都會認為可以支持到上樑儀式吧！也因為如此，美惠子夫人、望月女士，以及濱田醫師都感到悵然若失。

那一天早晨，如往常一樣喝了高松宮喜久子妃殿下賜贈的湯以後，老和尚向美惠子夫人談起要把曾因圓明閣的事給與照顧的人名寫下來。老和尚口中說的名字聽得不太清楚，當夫人再次詢問時，不知是否因此感到不耐煩，老和尚說要自己寫，就親自拿起了筆。然而，老和尚掉下了那一枝筆。

以下是美惠子夫人描述當時情形的話：

過了一會兒，喉嚨就發出咕嚕咕嚕的聲音，從口中吐出了泡沫。我趕忙打電話到濱田醫師家裡。他的夫人說出去了，正向著三生院去，馬上就會到了。之後打電話給義博、室久醫師、明師和美智子，總之趕忙打完電話，回到了先生的面前。

我所說的吐出泡沫，也不是一直吐著很多的那種情形，僅僅好像是嘴巴四周沾了一些。

我和望月女士大聲喊了幾次：「義博馬上就來了，請努力撐到那時候！」一面拍了他的臉頰二十下到三十下左右。儘管那時已經連頭都垂下來了……。

老和尚再也沒有打開眼睛了。這是平成二年一月七口的事，發現癌症以後大約過了一千二百個日子，共六十九年的生涯。

關於先生死時的情形，美惠子夫人說了這樣的話：

死的時候可能會很痛苦很痛苦，因為這時候已經出現打止痛針都沒有意識的狀態了，這樣地來迎接死亡。同時我曾經從醫生口中得知人將要死之前的狀態，因此我一直以為先生死的時候一定也會相當痛苦吧？沒想到卻是簡簡單單的平靜之死。

未來建築研究所的小野田守隆氏來拜訪老和尚，是在老和尚剛嚥氣後僅僅五分鐘的事。「要不是去買送給老和尚的花，也許就趕上了。」小野田氏懊悔地說。聽說老和尚對於小野田氏的來訪打從前一夜開始就一直高興著。

老和尚閉上眼睛以後才一些時間，有關的人就一個接一個地趕到。僅僅比濱田醫師晚了一些的小野田氏，還有明師正在處理寺院行事當中，向聚集的檀家諸人說明情況後驅車趕來。再晚一點的是義博氏，室久醫師坐計程車來。由於電視、收音機的快報，許多人聚集在三生院。

午後一時，遺體運往縣西部濱松醫療中心，遵照遺言進行了病理解剖。解剖一事，在室久醫師、三好醫師主持之下，消化器官科部長北川醫師等消化器官科的全體醫師會同到場。還有來自聖隸三方原病院的後藤醫師、濱田醫師、湯淺醫師參加。由岡本、小沢兩位醫師執刀。肝臟的大部分都為癌細胞所占據，並且確認轉移到了肺、頸椎、胸椎的部分和副腎。

老和尚在迎接自己的死亡時留下遺偈。所謂遺偈，是在臨死之際以偈(詩)來顯示自己所得的境界，是佛教中的一種作法。

遺偈

一從汲盡曹源水
坐斷十方物外遊
六十九年端的底
空華水月共悠悠

老和尚在《望星》雜誌(東海教育研究所發行)的平成元年九月號中，和東海大學助教授武見敬三氏進行對談，自己解說了遺偈，下面便是其內容：

所說的曹源之水，中國六祖慧能大師是住在稱為曹溪的地方。在此所提到的曹源之水，其實就是指禪的宗風。還有，特別是京都天龍寺的方丈(本堂)裡邊有稱為曹源池的池子。這裡舉出這兩件事，意義是窮盡了禪的宗風。

所謂十方是指天地和宇宙，已經打破了時間和空間，之後的遊於物外是精神性的遊。

六十九年端的底，因為大概今年是人生的定限，所以是指回顧六十九年來的生涯。

所言的空華是空中開的花，那樣的事物是沒有的呀！之後的水月是映於水中的月，也是沒有實體的東西。因此，在世間對那種沒有實體的東西產生錯覺而執著，在那裡生起煩惱。

即便是人的身體也是那樣吧！縱然是成了怎麼樣的高齡化社會，也沒有活到三百年、五百年的人。

《般若心經》中有「色即是空，空即是色」一句。世間的人把色錯認為美色，不是這樣的，所謂的色是說色相，是形體相貌。是說沒有形體相貌的存在，沒有本體的存在。若說到本體是否在任何地方都不存在的話，卻又具體表現在現象之中。秋天到了樹葉就散落，可是並非樹木枯死了，春天一開始又發出青青的嫩芽。有這樣的歌：「每年綻開啊！切開吉野的山櫻木來瞧瞧，看花在不在？」

不管多權威的植物學泰斗，將樹木切開用顯微鏡來看，也不可能找到稱為花的本源這樣的東西。但是一到春天花必定會開，因此我們把凡是生生流轉、一再重複的事物比喻為「色即是空，空即是色」的話，應該是說得通。

六十九歲時儘管我的身體滅絕，自己的心的本體是怎麼樣呢？是絕對的無，是絕對的空，這從禪的世界來說的話，那是永恆的事物，超越時間、空間而永久充滿生機地活著，同空華水月一起悠悠地被收容在那裡。

生活的品質

老和尚圓寂後過了一個月以上的平成二年二月十二日晚上，縣西部濱松醫療中心召開了研究會。其中有關於荒金老和尚治療過程等的報告，聽說老和尚的事情成了一時的話題。穿插著那時的話語，主治大夫室久醫師說了如下的話：

> 如果回想起管長先生自發現癌症以來到圓寂為止差不多三年的期間，在整個和病魔奮鬥的生活中，住院日數所占的比率約一成的程度。雖然八次住院、六次

的動脈栓塞術，若比較起一般例子而言，可以說是特例，住院的時間很短。換句話說，住院時間只占了很短的部分，管長先生應該可以進行自己的活動了！由於如此便有餘力傾注心力於自己生存意義的圓明閣建設，所以這是相當好的，他曾說過這樣的話。管長先生希望使用不妨礙社會性活動的治療法，並且選擇了動脈栓塞術治療法，因為以整體綜合評估的結論，大家一致公認此法最優。因為就算手術順利的話，也必須住院幾個月，加上復發的話又必須再過住院生活，甚至在最後臨終之前有可能幾乎要一直住院。對於那一點，管長先生的選擇是正確的。充實自己剩餘的人生而有生氣地活著，就是所謂的重視剩餘人生品質的生活方式。

關於治療方面，管長先生完全地信賴並託付給醫師。大大提高了治療的效果，雖然斷定往後只有一年半左右的生命，卻可以活到三年以上。而且在那大部分的期間裡，盡情地過著社會性活動的生活。這種過活動性生活的事，是生存期限得以延長的原因。例如，即便是在他最初住院的時候，就未曾老實地躺在床上過，真的是珍惜寸陰地奔走於演講、寺院行事，以及和他人的商談。單是住院期間就舉辦四次的演講、停留東京一夜與人商談……。而且有時間的話，就以躺臥床上的姿式坐禪，根本不像是一個被宣判為末期癌症病患的住院生活。管長先生致力於作為自身生存意義之圓明閣建設這樣一個目標，只有那才是充實地活過，我認為這和我們的治療相結合，提高了不可思議的延命效果。管長先生持有生存目標的生活方式，提供癌症末期患者一個很好的範例，這雖然提過了好幾次，本人還是想要特別加以強調。

本來，癌症手術在比較早期進行的話是有效的，過了某個時期就難了。如果透過手術能夠將癌細胞完全地切除的話是很好，但是往往眼睛看不見的癌細胞已轉移到其他臟器去了。身為醫生，雖然有很多情況也很想勸病人不要進行無謂的手術，充實地過完剩餘人生，但當對家屬和患者說明手術等的時候，大部分還是傾向希望手術。確實，因為手術把肉眼可見的癌全部拿掉了，所以有如果手術就會好的心情。不動手術的話死亡一定會到來，但如果進行手術而成功的話或許會得救也說不定。但是末期癌症的那種可能性在統計上是極低的。反過來說，免疫療法等雖然無法期待根治，但是單單對於可以活動的那部分人來說，也可以充實地活過自己最後的剩餘人生。

我想其中存在著人的判斷盲點。以手術將壞掉的地方全部切除是根治療法，因此一般人根深柢固地認定只要動手術就會好的觀念。不過，從統計上來看，如果癌症已經超過一定的界線而擴散的話，即使動手術也會在極短的期間內死亡，這種機率相當高。

當然其中也有極少的治癒病例，這裡面不是還牽涉到Clinical Decision，所謂臨床性判斷的問題嗎？醫生和病患也因此常常被迷惑。總之，若患者被隱瞞真相，完全委由家屬和醫生代為判斷，最後往往傾向以動手術收場。

管長先生的生活方式不就是像這樣Informed & Consent，也就是「說明與同意」嗎？我認為醫生和患者率直地就病情進行討論來選擇治療方針，這樣的意義也是很好的。我想那樣不但提升了治療效果，並且關係著是否能夠充實地活過自己最後的殘餘人生。

管長先生的人生最後的生活方式，也給予醫療中心相當好的影響。患者和醫生就癌症進行公開的對話，深度溝通的事成為可能。「醫生，我看到那位方廣寺管長先生的電視了。如果我也得了癌症的話，也想如管長先生那樣過著使最後的人生充實的生活呀！」某位患者主動說出自己的心願。藉著那個時機，開始可以談論許多問題了。當然告知的時機不可以不慎重，因為我認為有為當事人建立正確之生死觀的必要。我認為只有在方便告知的情況下，這樣的事才可以說。

另外，也曾經有過這樣的實例，是某個經營小公司的六十二歲老闆說的話。這位先生竟然也是加入管長先生之「奉贊會」的成員，這是事後我們才知道的事。他在肝臟癌症被發現的時候，已到了末期的狀態。他也看了管長先生的電視，說如果自己得癌症的話希望被明白告知。因此，在被告知惡劣狀況時，也和我們討論了治療方法。一是透過手術的方法，或者進行動脈栓塞術，還有就是喝漢方藥等來治療，雖然這是沒有其他任何有效治療法之前暫用的方法，但畢竟還是有這三種選擇。可是他有碘過敏(Jodallergie)，無法使用血管造影等的技術，如此一來，選擇項只有手術和漢方藥。由於本人已看過了管長先生的電視，以及對進行癌症手術的意義也有很清楚的理解，因此無論怎樣也不要手術，所以就喝漢方藥了。大概十二月左右被發現的癌症，狀況已經不是很好，但是也許可以維持一年上下。

這位先生雖然有兩個兒子，但二人都住在海外，據說徵詢過是否有意繼承父親的公司，二個人都表明無意繼承，因此他把公司讓給自己的部下了。很幸運的，他的友人中有很多是律師和會計師等各樣的人，都來協助辦理手續，以夫人名義成立了另外一家公司管理不動產。總要設法為遺下來的夫人維持生計啊！還有，做了自己的墓，也進行了葬儀的安排等，全部處理妥當約五月初旬了吧！身體從這時開始惡化，在那個月裡就去世了。

以上一些話，我想是管長先生的生活方式給予相當正面影響的一例。對醫生、對患者而言，告知癌症的事不再是禁忌了。天倫老和尚的生活方法，似乎對醫療領域所面臨的種種問題也給了很多的啟發。

第六章

瀟灑的別離

遺　志

荒金天倫老和尚，臨濟宗方廣寺派管長。昭和六十一年九月起因肝癌而處於療養的狀態，平成二年一月七日於自居的寺院三生院(靜岡縣引佐郡引佐町奥山)遷化，享年六十九歲。九日午前十一時於三生院密葬。

又依本人的強烈遺志不舉行本葬，僅於一月二十七日午前十一時開始於三生院進行告別式。喪主為長男荒金義博氏，告別式委員長為中村建設社長中村信吾氏。

從昭和十二年起於京都天龍寺跟隨關精拙、關牧翁二位老和尚修行，雖然戰後曾經轉而投入新聞廣播等大眾傳播界，但昭和四十五年受到來自少年時代恩師方廣寺管長奥大節的斥責，放棄民營電臺等重要的一切職務再度出家，從天龍寺管長關牧翁處受到印可證明，五十五年任三生院住持，五十九年就任第九代方廣寺管長，一直到圓寂。其間受到大眾傳播時代之豐富人脈所助，透過新聞、電視等使全國知道奥山方廣寺，特別是高松宮兩殿下賜與深摯之交、接受並被推戴為奉贊會和圓明會的名譽總裁，以及老和尚抱著病軀推動七億圓預算之青少年研修道場圓明閣的建設。

平成二年一月八日，新聞各報的死亡告知欄報導了荒金天倫老和尚圓寂的訊息。各報的消息是各式各樣、形形色色，但這裡所揭示的文辭是他本人為新聞各界預備好的，可以說是各界消息所本的大師原稿文章。

通夜(譯者註：葬式的前夜)前日的七日午後六時開始準備，將老和尚的遺體入殮，家屬和熟識的友人為他守靈。

老和尚一亡故，馬上遵照遺囑運往濱松醫療中心，作為癌症研究的解剖之用。根據在解剖現場的岡本一也醫生的報告，十五×十三公分的癌細胞占據了肝臟的右葉，直徑達二公分的許多結節(癌)散在二葉，另外，癌細胞也轉移到兩側的肺，第二、第三和第九胸椎，兩側副腎，甚至胸部大動脈周圍的淋巴結。這些是同老和尚一起活著，然後死掉的癌細胞。

接近這份解剖報告末尾的部分，記錄著：「腦的解剖未得同意。」這是什麼原因呢？針對此事，美惠子夫人做了下列說明：

我先生雖然身體漸漸地衰弱下去，但是頭腦還是很清楚的！因為這樣，頭腦會變得怎樣呢？所以岡本醫師提出在死後想打開腦部看看的要求。我先生最初是同意的，但後來又顧及和尚沒有頭髮，傷口會明顯可見而作罷了。

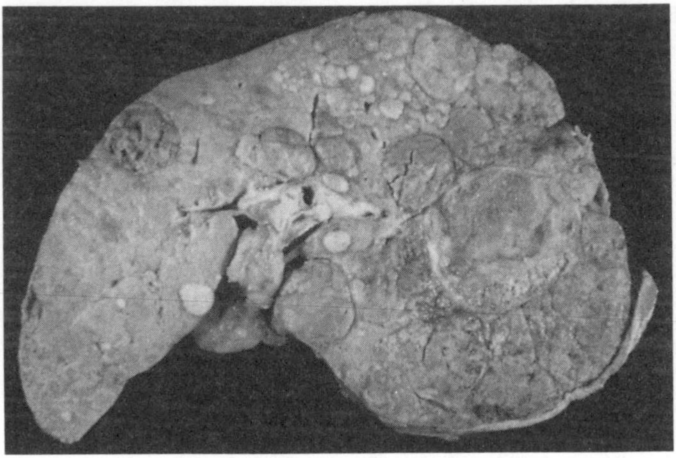

圖1　摘出的老和尚肝臟。幾乎完全為癌細胞所侵。（照片提供・濱松醫療中心）

天倫老和尚是謹守著身為僧人的尊嚴吧？另外一方面也可能是身為男性的修飾主義(Dandyism)……，我這樣說不知是否會遭到責罵？

隔天九日執行了密葬。那時的情景，一月九日的《靜岡新聞》如實地做了充滿哀惜的報導，在此就暫時引用轉摘如下：

> 和末期肝癌奮戰而在七日以六十九歲之齡圓寂的引佐郡引佐町奧山臨濟宗大本山方廣寺派第九代管長荒金天倫老和尚的密葬儀式，在同町奧山自居寺院三生院舉行。
>
> 「和尚不需要舉行喪葬儀式，只要向此生中給予照顧的人道謝足矣。」如天倫老和尚生前所說的話那樣，並未設置祭壇，只有在遺體面前由弟子誦經和燒香，親屬、熟識的朋友、方廣寺奉贊會、圓明會的相關人士和町民們做了最後的道別。
>
> 雖然天倫老和尚的遺體為了癌症研究而進行病理解剖，之後仍然以「因為得到癌症才懂得珍惜，過著充實的每一日」而安詳地圓寂的遺容回到了自居的寺院。
>
> 靈柩中放置著愛用的手杖、最喜好的菸、今年春上小學一年級的孫子宏章的(六張)道別信、高松宮妃殿下和縣知事所贈的花等。

圖2　移動老和尚的棺槨——左起鎌田岳道師、峰山正弘師、中島浩明師、小野田守隆氏、渡井達應師

> 如玄關前故人交流的字幅所顯示出的，官界、金融界、寺院相關人士、媒體界相關人士排成了燒香的長列來寬慰其靈，大家靜靜地合著掌。也看到在方廣寺進行電視實況轉播的石原プロ社長渡邊哲也先生，正向喪主長男義博氏和美惠子夫人致慰問辭：
>
> （中略）
>
> 告別式是二十七日午前十一時起在三生院舉行。喪主為長男義博氏，告別式委員長為中村建設社長中村信吾氏。燒香的時候，播放了生前和天倫老和尚深交之故石原裕次郎的歌曲來代替誦經，結束時以天倫老和尚本人生前拍攝的錄影帶來道別。

告別式中播放石原裕次郎的歌，以及放映自己的錄影帶，都是天倫老和尚的遺言。不只是那樣，如前所述的，老和尚將自己遺體的處理方法一直到告別式的進行，自行安排了大小事項的程序，和相關者們商談，託付了後事。例如，義博氏說了如下的話：

> 父親把告別式要怎麼進行、四十九日要做那些事，全都在事先和我商談好了。

甚至連一旦嚥氣時，希望能幫他戴上假牙，而且特別交代那時要把假牙先沾濕，不然就不容易裝上；希望弟子在死後還沒有僵硬前先幫他剃頭，以免刮傷他的頭；然後再送去進行解剖；如果是半夜過世的話要怎麼處理等等的事，全都決定好了呀！

老和尚自行決定了自己死後的事，一切都由自己來處理。

遺書

由於老和尚生前留下了遺書，長男義博氏在告別式中誦讀如下：

遺書　（葬儀、告別式之際）

我荒金天倫死的時候，雖然本來是不需要葬儀的，但為了向生前賜與交誼的各位致謝和道別，死後五日內在三生院舉行密葬儀式，不舉行本葬，只進行告別式。喪主為長男義博。儀式舉行之際，誦經之事委由愛弟子東光院新命住持、崇德寺新命住持、神宮寺新命住持、東光院住持，誦經只要一卷就好，嚴禁做引導儀式(譯者註：日本喪儀時，僧人念誦法語以引導死者進入解脫之境)。

我對諸位生前賜與交誼和當日出席喪儀的感謝稍早已錄在影帶中，在當日的會場放映。儀式進行之際，在錄影帶的答禮之後，播放以我為心靈老師而追隨我的故石原裕次郎先生之「無悔的人生」和「瀟灑的別離」等的歌曲。

如果期望有弔辭的話，希望是請靜岡縣齋藤縣知事、羽衣食品後藤磯吉社長、靜岡新聞大吉益光社長和日管的三輪社長。

告別式要如本人願望那樣是非憂鬱式的，要成為愉快的惜別會。告別式希望由石原軍團以足夠幽默的精神來舉辦。

告別式是在密葬以後三週，不宜出殯日除外，已和出雲殿商量妥當的方式進行。

告別式的委員長希望由碧雲會事務局長、中村建設社長中村信吾氏擔任。

對於生前賜與交誼的諸位、參加告別式的諸位，因當時事出突然而不能讓你們到我這裡來一事感到抱歉，也對協力於圓明閣建設的諸位，致上謝意。

這是關於自己告別式的指示。老和尚罹患了癌症，接受死亡而安排了這樣的「死後準備」。

在這裡，以前述的「遺書」為依據，來看一看老和尚對於自己死後的處理是怎樣考慮的。

在揖斐川町的大興寺所講的法語中，老和尚這樣子說：

我向醫生說：「如果到了快要死之前的那一個月時，請公事公辦一定要告訴我，因為我要辭去管長的職務。」醫生問為什麼，我回答如果辭去管長職務的話，可以籌劃一個自己喜歡的喪禮儀式。又問我是怎麼樣的喪禮呢？我答說：「不要誦經，不做導引超度，因為如果讓不修行的和尚做導引超度的話，我是受不了的，會從棺木中爬出來糾正他說：『喂！那裡不對！』」

醫生問我：「那麼，要怎麼安排呢？」我說要舉行音樂葬。石原裕次郎尊我為老師而追隨了我，他有一首歌叫作「瀟灑的別離」，還有一首「無悔的人生」，那是好歌。所以與其念誦讀起來不容易懂而且來參加喪禮的人聽了也不知道是什麼的經典，還不如舉行音樂葬。不過，我要事先聲明要刪掉結尾那一句「我在等妳們呀！」如果以現職管長的身分舉行音樂葬，他派的管長會側目，所以要辭去管長的職務。我這麼做是為了給大家鼓勵打氣呀！

不如說是因為和老和尚的個人立場相近，才提倡音樂葬的吧！

遺書中所提到的「本來是不需要葬儀的」，正如老和尚經常掛在嘴邊的一句話：「和尚不是喪葬儀式的道具，救度生人的苦惱才是他們的正務。」只有舉出這一句話最能貼切說明吧！

「儀式舉行之際，誦經之事委由愛弟子東光院新命住持、崇德寺新命住持、神宮寺新命住持、東光院住持」一句，老和尚以自己的「愛弟子」相稱，似乎喜愛著這裡提到的東光院、崇德寺、神宮寺諸位新命住持。東光院新命住持是中島浩明師，大家叫他明師；崇德寺新命住持是渡井達應師，通常叫他應師；神宮寺新命住持為鐮田岳道師，大家稱他道師。聽說禪宗裡有取法名的最後一字來稱呼的習慣。三人都曾經直接在老和尚的身邊擔任過侍者工作。所謂的東光院住持，是明師的父親，擔任老師的中島精道師。

美惠子夫人說了關於他們三人的事：

> 由於先生的情況惡化，他說：「替我把我的袈裟和大掛絡拿給弟子，明師、道師，還有應師。」大概只穿過一兩次，或許幾乎都沒穿過哩！先生說：「因為弟子是令人喜愛的。」

道師對於那時候的事做了這樣的描述：

是在十一月初，連絡我到老和尚的住處去，到的時候袈裟已經準備好了等著。由於讓老和尚親贈袈裟實在是承受不起，本來想要辭退，但是他說什麼也……。因為那時已經不能拿毛筆寫字，所以在袈裟箱中的簽名也是用油性的簽字筆書寫。

老和尚說：「現在不穿起來讓我看看嗎？」對於弟子穿袈裟的事顯出非常高興的樣子。那時我穿著禪宗和尚日常穿的作務衣，靠著夫人的一些幫忙，在那上面穿上老和尚所贈的衣服，站在老和尚的床邊。老和尚說：「我的頭不能轉所以看不清楚，站到那邊的爐籠上去。」我站到爐籠上雙手合掌著，老和尚拍著手高興的說：「很合身！很適配！」

我向明師問了那件衣服的事，他結結巴巴地回答說：

老和尚本來交代要我們在密葬式上穿，雖然自己過世了看不到，仍然希望我們穿起來……。不過後來又說：「還是穿著應該穿的麻衣比較好，雖然是我說的，總是會因為違反做法而遭到誤解。」所以我們穿了麻衣。然後到了初七日那一天，才開始端端正正地穿起那件衣服。

天倫老和尚似乎希望自己的墓建在東光院或神宮寺，是死後仍然想「一個人」安眠嗎？

圖3 老和尚安眠於神宮寺荒金家的墓園

長男義博氏說：

濱松市是有公共墓地，原本父親叫我去辦理申請手續。可是他們說要照順序排隊，而且父親還沒死是不能申請的……。

於是就選擇自己弟子的寺院，葬在明師或道師的寺院，他說：「道師的地方離你的家比較近，檀家也比明師的地方少，你也可以就近協助，道師有我的墓在他那裡的話，就不敢怠惰修行。」所以就用了道師的地方。

告別式中播放錄音帶和音樂葬，以及弔辭等的細節會在後面詳述。下面我們就聽聽被老和尚交代「要事前規劃得萬無一失」的葬儀社出雲殿竹內部長的話：

我們從事這行業已有十五年的歷史，因喪家親朋不放心而事前和我們商量的個案最近逐漸增多，但是由本人親自交代「我的葬式要這樣辦」，荒金老和尚還是第一個。我想他大概沒有把這件事當成是別人的事而漠不關心，反而鉅細靡遺地告訴我「我已經事先準備採用這種方式」、「這個地方要這樣子安排」……。

說真的，我實在感到非常驚訝！

老和尚告訴我石原裕次郎的事並說明為什麼要用他的音樂來取代誦經的整個原委。……而且這件事他們(石原軍團)會完全負責無誤地為我辦好，希望我能和他們密切配合。為了這件事和我數度討論。

我們和石原軍團商量的結果，是要在密葬當天正式進行，演出及製作他們完全包辦，而舞臺的搭設由中村建設來做，我們負責佈置裝飾。

因為這種進行方式和我們過去的傳統做法完全不同，所以有點倉皇失措。我想中村建設的先生們更是辛苦，搭舞臺的地方有一些樹欉和圍牆，他們必須把圍牆打掉來工作……。

就這樣，籌備著一個過去未曾聽過的管長音樂葬。

告別式

當日天空猶如一片碧藍，每一處地方都是日麗晴天。然而，參加喪禮的人們都感覺到寒風刺骨。

平成二年一月二十七日午前十一時，在三生院的前庭中，設置一個大型的氣派舞臺。舞台的正面裝飾有大約長二公尺、寬一・二公尺，圓寂了的老和尚之遺相，不加修飾的表情，遺相的四周圍著美麗的花朵。

從對面望去，在舞臺右手邊的是弦樂四重奏和合唱團，他們的前面是家屬，舞臺的左邊坐著許多位來賓。還有可能超過千人以上的其他參禮者，以面向舞臺的方向站著。方廣寺的相關人士和地方上的人們固不待言，和老和尚有交誼的官界、財金界、傳播界的相關人士等，占滿了三生院周邊的空間。其中有故石原裕次郎的妻子まき子、演員館ひろし氏，以及石原軍團專務小林正彥氏，是所謂石原軍團的成員，現場也看到女演員長谷直美小姐等知名人士。為了讓距離舞臺稍遠的人也可以看到活動的實況，周邊六個地方特別架設了電視機，放映著告別式的情景。

舞臺上的麥克風前站著主持人，宣布告別式的開始：

「故荒金天倫老和尚的告別式典禮開始。」

是非常清澈美好的聲音。

「我是擔任今天告別式主持的武見敬三，是受老和尚教導晚年生命的尊貴，以及在人生中要過謹嚴生活的人之一，我的家人也一起受到指導，由於這樣的因緣而有幸擔當這個大任。」

前面也提到武見氏是東海大學的助理教授。聽說兩人是在老和尚參加武見氏主持的電視節目中認識的。武見氏也在方廣寺每年開辦的夏期講座中以講師的身分出席。

「……今日的告別式，也是老和尚的願望，想以生前非常親近的故石原裕次郎的歌曲來和在場的各位道別。於此，謹以音樂葬的形式來進行告別式。這裡，荒金天倫老和尚要用生前錄下的錄影帶和各位說再見，想必蘊含著感謝在場各位人士的道別話。請大家一起來聽。」

在主持人的聲音中，會場掀起一陣小聲的嘩然。緊接著，以安裝於舞臺的大畫面電視為主的六臺電視機中，宛如由那個已圓寂的不拘泥於傳統的老和尚本人開始致道別辭：

各位今天百忙中抽空從遠方來到這裡聚會，真的是萬分感謝。我先前自己說過喪葬儀式是令人討厭的，所以不舉行喪葬儀式。但是，很多人告訴我：「你起碼也要為多年來給予關照的人舉行一個道別的告別式。」今天就是這個意義，不是我的葬禮，而想向各位說說感謝的話……

如此，天倫老和尚在說了對於平素交往、問候的謝辭，以及對於圓明閣建設之援助的感謝之後，用和往常沒有什麼分別的沉穩語調，開始開示關於生死的法語：

人即使身軀消滅了，精神還是不死。精神是永遠不滅的。心的存在是永遠沒有生和死的。

《般若心經》中說：「不生不滅、不垢不淨、不增不減。」還有：「色即是空，空即是色。」心的本體是絕對的無、絕對的空，是既不增加也不減少，既不會被染污也不會被侵犯。我對於自身的死這一件事情絲毫也不在意……

（中略）

昭和四十五年以後再度親近關牧翁老和尚認真地參禪修行，把生和死徹底拔除。曹洞宗的開宗祖師道元禪師也說：「明白生死之事是佛家一大事因緣，生是什麼？死是什麼？對其徹底掌握是禪師最重要的大事。」如果說到生是什麼，如先前所提到的那樣，方廣寺開山祖師無文元選禪師，是明治陛下賜給聖鑑國師名號，先帝昭和天皇賜號圓明大師的禪師，他說：「生就像從山峰中輕輕飄出的雲，死就像掛在明淨天空的月，都沒有可以執取之處，所以執著是不對的。」

……

（中略）

自己來死一下看看，我想真的會是像那樣一般。

天倫老和尚這樣子說而引起現場一陣笑聲，接下來就以致謝辭作結束：

我即使身軀消滅了也還是永遠和各位在一起，方廣寺當然不用說，我也為地區社會、日本的發展在心中祈求著。喪葬儀式是令人討厭的，但今天的告別式，承蒙各位在百忙之中趕來這裡，從心中致上萬分的感謝，今天非常謝謝大家！

天倫老和尚之所以會三番二次提及「喪葬儀式是令人討厭的」，我確信是針對現代佛教界的猛烈批評，以及是對於佛弟子應做之事從根本上來自戒、內省的話。老和尚在自著的《在現代中活下來》一書中寫道：

前面也說過，創始佛法的釋迦牟尼是印度迦毘羅衛國的皇太子，他所窮究的是作為救度活人苦惱的佛道。絕不是為了死者，更不是為了喪葬儀式的佛法。現在世間上的人，不過是把和尚視為喪葬儀式的道具，那是誤解了僧人們的責任。不管把釋迦佛的傳記讀了多少遍，裡面都沒有釋迦佛為人處理喪葬儀式的記載。

其實神主(譯者註：日本神道教的神職人員)也用神道的形式進行喪葬儀式，基督教的牧師當然也要處理喪儀。可是，世人絕不會說：「啊！碰到神主，今天真倒霉！」「呸！碰到牧師，今天運氣真差！」可是和尚就常常被人說這樣的話。去釣魚一條也沒釣到時，就會說：「今天碰到和尚。」(譯者註：意思是說運氣不好)為什麼會這樣呢？因為那是大半的僧職，放棄本來的使命，日常生活過得馬馬虎虎，只有喪葬儀式才會引起人家注意。

就拿我來說(其實我並不是對喪葬儀式本身有什麼反感，畢竟喪禮是人世間最傷感的離別，這也是為什麼必須以誠摯的心，當作重要的事來處理)，我當初辭去公司的職務再作和尚，壓根也沒有想到要變成像開「葬儀社」一樣。臨死之前躺在床上對我大喝的大節老和尚也從來沒有教導我成一個葬儀和尚。

說了這些話，接著繼續闡述什麼才是僧人應該做的事：

> 特別是擔任僧職的人，眾生是無邊的，要發誓願加以救度（眾生無邊誓願度）；為了完成這項悲願，因煩惱是無盡的，要發誓願來斷除（煩惱無盡誓願斷）；法門是無量的，要發誓願學習（法門無量誓願學）；佛道是無上的，要發誓願來成就（佛道無上誓願成）。換句話說，一旦成了僧人以後，就有了救度一切眾生之苦惱的大使命（這也是僧人的本分）。因此，要截斷自己的、小的欲望和邪念，窮盡佛法的究極，透過修行使自己深進到和佛同一心境，然後更進一步行使眾生無邊誓願度的事。這就是為什麼僧人必須修行，以求自己覺了佛法的大意。無法自覺就不能覺他，也就不要期待會覺行圓滿。
>
> 若不如此，只以具備僧人外形為滿足者，應該叫作「擬僧人」。真正的僧人，是永久就職而沒有退休的——絕不是喪葬儀式的小道具。

前述引文雖然長了些，但我想這是天倫老和尚在別處沒有提到的，關於喪葬儀式的想法。還有，雖然這些話當然是要以朝向自他兩利而發來理解，當心中浮現出老和尚對著自己說著這些話的神情時，便能明白老和尚的生活方式，其實是如何地與這些話一致吧！

現在再把鏡頭轉回舞臺，告別式的委員長中村信吾氏代讀了高松宮喜久子妃殿下所賜的御歌：

異病之中見奇節
極致人生惜君情

如前面所提到的，高松宮妃殿下是代已故的高松宮宣仁殿下擔任方廣寺奉贊會的名譽總裁，對圓明閣建設這個特殊工作給予協助。

接下來，還有同樣是皇族的李玖殿下之弔辭，再次是靜岡縣知事齋藤滋與史站到麥克風前。

老和尚先生，再會了。今天，我來到里奧山這個寂靜山谷，您的往日音容，以及種種的法語仍留在心中。

您告訴我：「齋藤先生！人到死之前都還活著，活著的時候要徹底地活，死的時候要認真地死。」這些話語在腦海裡經常浮現著。

齋藤縣知事似乎想起了和老和尚交往的日子，繼續以緩慢的語調說：

如果說失去老和尚真的是令人痛惜的，我想您會說這是陳腐的話，但還是要說——痛惜啊！

縣知事的聲音震動著人心。

我今後也要遵循老和尚的教導，為了縣民的福利，每天都用全副的精神來服務……。

已經是聲淚俱下了。似乎因此而引發了現場此起彼落的嗚咽聲。

齋藤縣知事之後，靜岡新聞社社長，也是靜岡放送會長的大石益光氏念誦了弔辭：

荒金天倫老和尚，告別的時候終於到來了……。

大石氏以傳播人士的姿態，對於曾經置身於傳播界的老和尚看待社會的眼光，說了讚揚的話：

老和尚洞察了已成為世界上最富有國家的我國，現在唯一必須做的是為了培育擔當下個時代的優秀後繼者，要讓他們重新面對心靈，所以他全力投入圓明閣的建設，這個用禪來塑造人心的殿堂。可以說是身為時代的先驅者而奮鬥著。因為曾經有過在報社、電臺等大眾傳播界活躍的經歷，具有看取時代方向和大局的卓越先見，行動力也超絕拔群……。

「後繼者」，根據天倫老和尚的說法，或許的確是殘留下來的唯一大課題。為塑造後繼者而建圓明閣的問題，以及身為老和尚而培育後繼者的問題……。關於這些問題，以後再說吧！現在，來聽一聽接著致弔辭的日管株式會社社長三輪信一氏的話吧！三輪氏是方廣寺奉贊會的會長。

管長先生，您不是躲在寺廟的深處，坐在蓮花上面琢磨修行的人，而是在二十五年間，憑著自己的力量，胼手胝足地開創出一個無待的娑婆……

以三輪氏為首的奉贊會諸人，對於曾經親自游過現實社會波濤之後成為禪僧之天倫老和尚的開示，比起其他一般法師的開示，似乎格外有一種不同的深刻感受。

自古以來，就有人將受苦者的聲音說成是如同佛的聲音，真是精闢的見解，世俗經驗豐富的管長先生，是我們沒有佛緣之眾生的靈魂醫生。聽到管長先生的開示，感動得想要開發自身生活方式的人，不是只有我們而已……。

在生前，老和尚非常喜歡三輪氏的「獅子吼」，前面提過「獅子吼」是讓三輪氏感到得意的模仿雄獅子的吼聲。三輪氏最後用這個「獅子吼」來結束弔辭：

吼——！

那是從腹部發出來的巨大聲音，觸動了在場每一個人的心靈。

接著由フーズ食品株式會社社長後藤磯吉氏讀誦弔辭：

當我聽到管長先生罹患癌症的消息，震驚之餘立刻和太太一起過去拜訪時，出乎意料地老和尚顯得很健康。而且談到想在有生之年興建圓明閣的事，比起談論病情來說更是充滿著興致，受他這種心情感召，我表明願意略盡棉薄之力，而後告辭離開……。

後藤氏是方廣寺奉贊會的副會長，同時也擔任圓明閣建設援助團體之圓明會的副會長，是身軀削瘦之天倫老和尚的協助者。後藤先生最後以向美惠子夫人表示關懷之意作為結束：

管長先生未能親眼看到圓明閣的落成想必是感到遺憾吧！恐怕他心中另一件掛念的事是管長夫人吧！圓明閣藉由各位的力量，遵循著管長的遺志，相信會成功地完成了塑造人心的任務吧！今後希望各位也能秉持對管長先生的愛護，共同來關照管長夫人，讓她有個幸福的晚年。

再來是世界聯邦湯川懇話會代表湯川女士站到麥克風前。她是我國首先獲得諾貝爾物理獎之故湯川秀樹博士的夫人。夫人也是因為癌症而失去丈夫。

距今三十年前以上，天倫老和尚在京都新聞擔任社會部長的時候結識了湯川夫婦。老和尚在所寫的〈戀和愛的湯川夫人〉一文中，對他們夫妻做了如下的回憶：

> 湯川先生是位由純研究學問的學者，而成了這麼偉大的人物，實際上是近乎天真無邪的一位，湯川夫人則由良家閨秀成為家庭主婦。不管怎麼說，先生專心一意做研究的背後，育兒的事、家事，還有和人往來（包括家族和外界朋友的一切）等，可以想像是非常辛苦的，但是如此的辛勞也從未表示過一點怨言，真是一位了不起的夫人。

湯川女士的弔辭一結束，主持人宣讀了弔唁的電文，之後開始燒香。

音樂葬

現場響起了主持人武見敬三氏的聲音：「現在開始進行唱名燒香。」這時奏起音樂來，靠舞臺右手裡邊的合唱團，清澈美妙的歌聲使整個會場浸潤其中，是故石原裕次郎的暢銷曲「瀟灑的別離」（作詞：濱口庫之助）。

「告別式委員長中村建設株式會社社長中村信吾先生、喪主荒金義博先生、荒金美惠子女士……。」

照著主持人的唱名，一位接一位地燒香。配合舞臺而播放的歌曲一點也沒有不協調的感覺，似乎進入了每一個人的心靈。

生命有終了　戀也有結束
秋來枯葉話別小枝
夕陽也向天空道別
人都有淚　請別流下來

圖4　伴隨著弦樂四重奏的旋律，合唱團的歌聲充滿告別式會場。（照片提供．石原軍團）

不要哭泣 不要哭泣
來個瀟灑的別離

生命有終了 戀也有結束
生命虛幻苦惱熾熱
煙草輕煙消散何處
戀的去向 不知在何方
不要追尋 不要追尋
來個瀟灑的別離

是一場精湛的演出。按照天倫老和尚的意思而企劃全部演出的，是石原軍團的專務小林正彥。前面已經說過，天倫老和尚和小林專務是透過京都一間叫作「川太郎」店的老闆娘介紹認識的。之後石原軍團二度到奧山做現場演出，其間小林專務也從老和尚那裡聽聞到許多關於人的生活方式、人生觀等種種的開示，借用專務的話來說的話，兩人是「交情非凡的」。被老和尚生活方式觸動的小林專務，向老和尚介紹了以裕次郎氏為首的石原軍團。

老和尚本人在先前說的「遺書」中，稱小林專務為「知心摯友」。唯有那樣的相互信賴，老和尚才會把可以稱得上是自己人生風格最終樂章的音樂葬演出重任託付給小林專務吧！關於事情的原委，小林專務說：

所說的音樂葬，是老和尚的遺言啊！管長在醫師宣告生命還剩一年半時，就在信紙上寫下遺言。有關於自己死後的處理，向我說了許多。

緣起是在裕次郎先生的葬儀舉行時，荒金天倫老和尚親自出席。會場是在青山齋場舉行，因為配合裕次郎先生的歌唱演藝背景，所以我們舉行了音樂葬。管長先生於當時親自來參加啊！自己就確定要舉行像當時的音樂葬，管長說：「我是個只在中途守傳統規矩的和尚，所以我的葬儀希望由你們來舉行，希望用音樂葬的形式。」這個願望清楚地寫在信紙上，而且也有詳細內容的指示。

於是我立刻用電話向管長確認：「為何要用音樂葬呢？為何選我們呢？……」

於是，他就說：「因為自己再怎麼講也是一派的管長，所以不取消誦經，可是那個歸那個，讓弟子們去做。和那不同的，是以我荒金天倫的人生風格，想要播放喜歡的歌，尤其是所喜歡的裕次郎的歌。」

還有他說因為自己討厭喪儀，所以告別式想要用那樣的方式舉行。雖然我並不知道喪葬儀式和告別式有什麼差別，不過他說這是他內心的真正願望，希望努力去了解並幫他實現。

然後，一向他問起曲目，他就說：「不是有『瀟灑的別離』嗎？『夜霧啊！今夜也謝謝』啦！」還有叫什麼的，如數家珍地知道相當多。就這樣，他又說順序怎麼樣都行。既然他都已經說到這樣了，我只好回答說：「完全了解了，就照著您的吩咐辦理吧！」

小林專務就像在追尋著老和尚的心境一樣，慢慢地繼續說：

管長說：「我並非一方面身為宗教家，一方面排斥宗教的儀式。不是那樣的，是因為自己的人生，因為自己只在中途守傳統規矩的人生，因為自己的性格而想舉行音樂葬。是這種意義啊！這是我的人生觀。」

為什麼一位居於僧人最高峰的人會吸引外行的我呢？也許社會崇尚形式而缺乏實質靈魂的事已經令人生厭了。音樂則不是這樣，每個人都喜歡音樂，都親近音樂。因此如果我要邀請自己的熟人來參加告別式的話，希望讓他們能夠身處於那樣的氣氛當中……。

就這樣，小林專務承辦了前所未聞的「管長音樂葬」的演出。有關這中間的事情也想聽一聽中島浩明師的說法。

老和尚過去常說僧人不需要喪葬儀式，不過話雖如此，倒是希望能有機會和照顧的親朋好友道別。

原本身為老和尚，應該早已脫卻了生死之事，這就是為什麼他常說喪葬儀式是不必要的。如果需要的話，一個告別的儀式就夠了，而誦經的工作交由弟子來做的話就可以了……。

我想音樂葬的用意，是由於我們做弟子的、做和尚的為師父誦經是天經地義的事，不過對於其他不會誦經的諸人，當然有不同的表現方式，而這次因緣巧合是用音樂的形式。尤其最重要的，因為音樂葬是老和尚的希望……。

關於小林正彥專務承辦音樂葬一事的看法，明師對於當時的心境調整如此地說：

> 小林專務曾經問我：「對於做到禪宗一派之管長的人物，用音樂葬真的合適嗎？」當時我回答：第一，這是老和尚的希望；再者，他生前交代我們只需邀請真心誠意的至親好友即可。所以我說：「請大家打從內心來唱歌，因為我們會全心地誦經。對老和尚的追思，兩者是一樣的，老和尚把心看成是最重要的。」小林專務說：「那樣的話，音樂和誦經是一樣的。」我想小林專務也是以這種心境在籌備音樂葬的吧！

裕次郎氏的歌和經是一樣的。明師和小林專務乃至天倫老和尚都是以這樣的共識來舉辦音樂葬吧！

在會場中，接著「瀟灑的別離」之後，播放了「夜霧啊！今夜也謝謝」，唱名燒香繼續著。

然後在那首歌一結束的時候，輪到每年夏天來方廣寺做園外保育的幼稚園兒童們燒香。會場中，播放起石原裕次郎氏的錄音帶，以帶有甘美而哀淒的聲音唱出「為何泣別」和「責備」二首歌。

接著，以「夜總會」一曲為背景音樂，參加告別式的眾人依次燒香，接下來是告別式委員長中村信吾氏的致辭：

> 透過石原軍團諸位的協助，以音樂來進行告別式。我想管長先生必定含笑九泉之下……。

不知是否因為緊張，中村氏的聲音在會場格外響亮：

> 今天真的是萬分感謝！告別式委員長中村信吾。

接著，喪主荒金義博氏讀誦了先前介紹過的老和尚遺書，之後主持人武見氏站到麥克風前面說：「在這裡，向老和尚做最後的道別之前，想請大家做三次和老和尚破天荒式的生活方式相稱的拍手(譯者註：日文為「手締め」，祝賀達成協議或成就時，按拍子拍手的事)來道別，這三次拍手由石原軍團演員館ひろし先生來起音，請！」

圖5　向老和尚遺像做拍手的演員館ひろし氏。（照片提供・石原軍團）

會場又掀起一陣驚訝聲！大概這三次拍手也是老和尚的企劃吧？個子高的館先生已站在舞臺上。

在下是館ひろし，在諸方前輩之前，感到非常冒昧，但因為被指名，以及遵從天倫老和尚遺志的緣故，雖然過去沒有先例，想在這裡做三次拍手，希望各位一起唱和。

如此，這個沒有先例的告別式，在拍手的清脆聲音中，音樂葬形式的告別式結束了。

最後的公案

荒金天倫老和尚，是曾經置身於傳播界的禪僧，透過報紙、廣播、電視、雜誌、書籍和演講等一切媒體，開示了精進生活的法語，並且不斷地用自身來闡明生的意義和死的意義。罹患癌症以後，反而以是癌症患者的自身為教材，不斷地鼓勵臥在病床上的人們。不只是那樣，對於自己死後的事也做了很好的安排，讓活著的人們振起精神。

雖然是那樣的老和尚，但是似乎只有一件事情還未圓滿，也就是「後繼者」的問題。「老和尚」也稱為「師家」，從老師那裡獲得印可就開始稱為老和尚。所謂印可是印可證明的略語，老師考驗修行者的境地，確認悟境達到圓熟的時候，就給與印可的證明。禪的法統從老師那裡傳給弟子，這樣的話，一旦成為老和尚的人就必須培育由自己授予印可的後繼者。可是天倫老和尚尚未完成這項工作就圓寂了。他絕不是心裡頭不掛念，知道得了癌症的時候，老和尚曾向美惠子夫人懊悔地說：「如果讓我再多活五年的話，就能培養出授予印可證明的弟子……。」

石原軍團的小林正彥專務對於老和尚在火葬場行荼毘的事，眼睛看著桌面，用感觸良多的語調說：

在火葬場發生這麼一件事：許多的僧人在稍微遠一點的地方誦經，有不少氣質非凡的僧人。其中，有一位體形魁梧的修行僧向前面走出，走到爐前，單獨一個人向爐子念誦著經文。穿著木屐、粗布衣服，那個僧人在爐前哭泣著，忽然回過頭來，只是潸潸地落淚。我被感動了啊！也感到驚訝！我想如果是那種經的話，我也想要念呀！我認為老和尚已經培育了精神的後繼者啊！

說到後繼者，還有一件事，為了培育日本的後繼者，老和尚把生命全部用於圓明閣的建設上。那一方面的工事正平穩順利地進行，在老和尚圓寂以後十日，平成二年一月十七日，進行了上樑儀式。

出席儀式的有以長男義博氏為首的方廣寺相關人員、奉贊會、圓明會工作人員等約一百人。說過「最後一個心願是能出席上樑儀式」的老和尚，則由宗務總理後藤佑芳代為燒香。對於到了最後仍掛心著圓明閣建設而逝的老和尚，出席的眾人再次為他祈求冥福。

圓明閣的完工是預定於平成二年六月二十六日。在方廣寺開了臨時會議，決議在這一天進行荒金天倫管長的宗派葬——津葬，午前十時起在大殿舉行津葬的儀式，接著在圓明閣進行竣工奉告法事。

老和尚常說：「我的心會活到圓明閣完工。」因此，通常寺院住持圓寂的時候，山門豎立一塊寫著「山門不幸」的牌子來服喪，但是聽說方廣寺當時並未立下此牌。

事實上，老和尚的心充塞於天地，或許還和活著的眾人同在也說不定。老和尚自己在許多場合中說：

> 心的本體是像《般若心經》中說的「不生不滅、不垢不淨、不增不減」，沒有增、減、死、生的事，永遠超越時間和空間，並且完全充塞於天地宇宙之間，蘊含著生氣……。

後繼者——若我們稍加深思，其實不就是指我們這些活著的人嗎？老和尚的心充塞著天地，也許他正注視著活著的我們，看我們如何生活下去。「我曾經是這樣活過，那麼，你要怎麼活呢？」

這才真正是老和尚留給我們的最後公案吧！

後記

父親(荒金天倫)生前和鈴木出版社的編輯部簽了約，以身為一個被告知癌症的禪僧，如何和生死搏鬥？如何活過僅僅剩餘的日子？執筆寫一本這樣內容的書。

昭和六十一年九月，知道患了肝癌的父親，為了在剩餘的日子中，籌集以禪來豐富孩子們心靈之青少年研修道場「圓明閣」的建設基金，以全副精力投入演講和書畫等縮短生命的活動中。

平成元年五月二十七日，完成作為當時目標之地鎮祭的父親，認為應該完成合約而著手撰寫。可是癌細胞已經轉移到肝臟內部多處，身體狀況不佳，平成元年七月中從背到腰部都感到劇烈疼痛，連坐下來的事都不能順心。父親向編輯部商量，將執筆的內容錄在錄音帶中，把它們編輯起來整理成原稿，那就是「前言」中提到的一百二十分鐘錄音帶。

父親忍著疼痛，在持續的稍微發燒中，把關於因癌症而苦惱的患者、假如家屬給予一些鼓勵、自己被告知癌症時的心境，以及和死奮鬥的方法等的想法，都用錄音機錄起來。可是在平成元年八月一日，由於劇痛到了無法呼吸的程度而緊急住院。癌細胞從肝臟轉移到胸椎，引起胸椎的壓迫骨折。接著病況又加重，身體越來越虛弱，終於連發出聲音都很困難，無法用錄音機錄到最後。再怎麼沒辦法也要遵守約定的父親，想必對於筆也無法拿，聲音也不能充分發出，因而不能遵守約定一事感到遺憾吧！

平成元年十二月五日，我遵照父親的指示，為了向後藤佑芳宗務總理轉達依照父親的想法來進行密葬儀式和告別式而前往方廣寺。由於後藤佑芳宗務總理相當清楚父親的想法，很快就理解了。在談話中，後藤佑芳宗務總理拜託我說：「因為圓明閣的建築資金八億圓已經籌集了，請向管長先生報告要點。」回到三生院，一向父親報告，他就說：「啊！即使不貸款也可以建圓明閣……」感到安心，在病床上喜悅著。直到那時，父親才對圓明閣建設費用的事感到寬心。

然而，父親知道自己的癌症病況看來無法活到圓明閣落成的時候，雖然想要和給予協助的諸人在竣工奉告法事時一起錄進影帶中，由於無法實現而深深感到遺憾。

無法執筆寫書和無法給予照顧的諸人一起錄進影帶的事，對於二者的無法達成，父親在病床上相當在意。

父親圓寂後數日，編輯部的藤木先生說：「不想讓老和尚的錄音帶徒然放著，所以請以錄音帶為本務必要編出一本書來。」我感覺到困惑，因為錄音帶對寫成一本書而言實在太短了，對於父親的想法和想說的話，可以深入到什麼程度？理解到什麼程度？錄音帶是不夠的。不知如何決定而和主治大夫室久敏三郎醫師相談。

室久醫師說：「令尊的生活方式對醫療中心的許多部分給予相當正面的影響，由於出版一本記錄令尊生活方式的書是非常有意義的事，所以請給予出版上的協助。」另外，想起父親忍著癌症末期疼痛正在錄製錄音帶的樣子，出版一事不是較好的嗎？所以給予了出版上的協助。這樣，這本書的出版就成為可能。

平成二年六月二十六日午前十一時，父親投注生命的圓明閣落成了，舉行竣工奉告法事。在父親夢想中的影帶裡，代替亡父的孫子大貴(我的長男)和給予相助的有關人員一起錄進影帶中。

父親的恩師臨濟宗天龍寺派管長關牧翁老和尚，儘管年歲這麼大了也特地從京都趕來，擔任竣工奉告法事的導師，對於老和尚的好意真是感激不盡的。

我想如果父親還活著的話，不也會做這樣意思的答禮嗎？

從一分錢也沒有的時候開始，多虧方廣寺奉贊會、圓明會諸位的協助，方廣寺人員、末寺的努力，多方檀信的幫忙，以及工事相關人員的協同一心，完成了這麼宏偉的建築。各位用心所建的圓明閣非常重要，父親發願要對擔當下個時代的孩子們之健全培育有所幫助，在

圖1 平成2年（1991）6月26日，「圓明閣」舉行竣工奉告法事。左起中村信吾氏、後藤磯吉氏、三輪信一氏、荒金義博氏，以及大貴君、後藤佑芳師、金剛慈宣師、鈴木章司氏

此代為致上十二萬分的謝意。

最後，在圓明閣完成之際，也要對在本書編輯的過程中，多方協助的諸人致上深深的謝意。另外，也感謝鈴木出版編輯部同仁的熱忱和努力。

也要感謝已經圓寂的父親。

荒金義博

平成二年六月二十六日

根據手邊的資料，故荒金天倫老和尚自告知癌症到圓寂的大約一千二百日之間，進行了近百回的演講，完成了多達六千件的書畫。在身為管長盡好本山的職務，以及身為方廣僧堂師家負責修行僧的指導之外，在時間允許的情況下將心力投入「圓明閣」的建設。將必須居家療養的最後一百零三日和住院的一百二十五日扣除的話，幾乎圓寂前一千二百日的大部分日子，都是在活動中度過。

生死學叢書書目

揮別癌症的夢魘

羽生富士夫／著
何月華／譯

癌症是現代人健康的頭號殺手，您對癌症認識多少？癌症等於絕症嗎？不幸罹患癌症的話，要如何面對死神的挑戰？具有「上帝之手」美譽的日本名醫，以他個人的切身經驗，懇切地告訴大家，以知識對抗癌症的重要，以及許多與癌症有關的預防、醫療等方面正確的觀念，是重視保健與生命品質的現代人必看的著作。

無生死之道

盛永宗興／著
郭敏俊／譯

面對人生的生老病死，您作何感想？對於世間一切的生生死死、死死生生，感到迷惑不解嗎？請聽日本著名禪師盛永宗興娓娓道來，以生活化、深入淺出的例子，帶領我們參透生與死的迷霧，體會「一期一會」、「遊戲三昧」的生命哲學，活在每一刻當下，生死將不再是人生痛苦的代名詞。

凝視死亡之心

岸本英夫／著
闞正宗／譯

本書是日本已故宗教學者岸本英夫與癌症搏鬥十年的心路歷程。當獲知罹癌，並被宣判只剩半年壽命後，他除了接受必要的手術治療外，也開始思索生命的本質，並陸續寫下手術前後，他在死亡威脅下的心理調適和哲理思考，他也因此將肉體生命從半年延長為十年。這其中艱苦的奮鬥歷程，句句珠璣，斑斑血淚，值得品味。

美國人與自殺

赫華德・庫盧諾／著
孟汶靜／譯

本書從心理、文化的角度探討美國人的自殺行為，並以十分具有啟發性的方式，陳述出過去三百年來西方社會對自殺行為的探索過程。作者成功地綜合了西方各學派分歧的自殺行為理論，而發展出一套嶄新且具有說服力的論點，在心理與歷史學界贏得極高的評價，對研究早期華人移民的自殺行為亦有助益。

宗教的死亡藝術

肯內斯・克拉瑪／著
方蕙玲／譯

本書以比較性、宗教性的方法，探討世界主要民族與宗教關於死亡、死亡的過程以及來生等等課題所採取的態度與做法。讀者將可發現，書中所列舉的每一項宗教傳統，都在指導它的實行者，不僅在死亡前，同時就在死亡的片刻裡，就能技巧地掌握死亡。死亡可說是一門牽涉到肉體死亡與再生經驗的宗教性藝術。

禪僧與癌共生

鈴木出版編輯部／編
徐明達
陳佳彌／譯

一位因罹患癌症而被宣告只剩三年生命的禪僧，如何活在癌症的病魔下，如何掌握人世間的生死，將餘生投注在什麼地方？本書即是與已故荒金天倫老和尚（日本臨濟宗方廣寺第九代管長）交往過的人，藉他們的證言撰集而成的報導文學，將老和尚以三年餘生充實為精神上三十年的生命風采，再度活現於紙上。

死亡的科學

品川嘉也／著
松田裕之
長安靜美／譯

人為何一定得經歷死亡？老年是否真的是人生的累贅？「腦死」就意味著「死亡」嗎？……這些疑問，在本書中都有詳盡的討論與解答。作者從生物學的角度出發，探討與生物壽命有關的種種議題，進而提出人類面對生死問題時應有的認識與態度，是一本將死亡學提昇到科學研究的難得之作。

死亡的真諦

小松正衛／著
王麗香／譯

當被問到：「如果人生可以重來一次，你希望擁有怎樣的人生？」多數的回答可能是出身好家庭，擁有高學歷，事業穩固，平安幸福過一生。但本書作者卻說：「世間非常艱苦，人生難行，但一路行來的人生，我還想再走一次。」是什麼樣的經歷與啟示，讓他如此達觀？請隨著作者一路前行，游入古聖先知的智慧大海……。

輪迴與轉生

石上玄一郎／著
吳村山／譯

「生死事大」，為了探究它，各種哲學與宗教已提出了許多答案，「輪迴轉生」便是其中之一。這種思想出人意料地貫通東西方，幾乎發生於同一時代。它的起源如何？呈現出那些面貌？果真能解決「生死」問題嗎？這些在本書中都有廣泛而深入的探討。

生與死的雙重變奏

齊格蒙・包曼／著
陳　正　國／譯

對必朽（死亡）的認知與對不朽的追求，深深影響著人類的生命策略。人類社會建制與文化面向的型塑過程中，更存在著「解構」必朽與不朽的辯證和互動關係。而在「現代」和「後現代」社會，這種「解構」又出現了有別於「前現代」的許多變奏。且看包曼教授如何透過集體潛意識的心理分析，從不同角度詮釋「死亡社會學」。在朽與不朽之間，您將重新認識現代人的社會與文化。

透視死亡

大衛・韓汀／著
孟　汶　靜／譯

本書所探討的論點，主要有下列幾點：一、在什麼樣的情況下，個體才算死亡？二、末期病人有沒有權利決定自己的生與死？三、器官捐贈能不能得到社會大眾的認同，進而成為一件普遍的事？作者以平鋪直敘的方法，為每一個論點作了總整理，提供讀者許多實貴的資料與觀念，在臨終與死亡尊嚴等議題的探討上，能有進一步的認識。

看待死亡的心與佛教

田代俊孝／編
郭　敏　俊／譯

本書由八篇演講記錄構成，內容包括親人死亡的感受、個人的瀕死體驗、對死亡的心理準備、佛教的生死觀等，發表者有僧侶、主婦、文學家、醫師、佛教學者等不同人士，從各個角度探討死亡問題。正如主辦演講的日本「置死探生研討會」宗旨所示，如何在老、病、死的人生當中，正視死亡的事實，學習超越死亡的智慧，讓人生更加充實，是現代人的切身課題，值得大家一同來探討。